学校に頼らなければ学力は伸びる

SANNO BOOKS

はじめに

ＩｏＴ（モノのインターネット）、ＡＩ（人工知能）、ＶＲ（仮想現実）、ブロックチェーン、フィンテック、自動運転、無人コンビニ……新しいシステムやサービスが次々と登場し、日々、世の中はめまぐるしく変化しています。その中にあって、明治・大正のころから基本的にほとんど変わっていないのが、小中高の「学校」という空間です。

そこでは、旧態依然とした知識重視の授業や定期考査、行事が進められ、「教師→生徒」という一方的な上下関係の世界が構築されています。その結果、いざ社会に出ると、学校とのギャップに対応できない大人が自信を喪失し、さらには〝引きこもり〟や〝ニート〟といった問題も起こっています。

これは思うに、学校がリアルな社会から離れてしまい、学校独自の社会が存在しているためです。そこで本書では、こうした独特の学校社会と区別するために一般社会のことを「リアルな社会」と呼ぶことにします。

例えば学校には、答えが明確な問題に対して正しい答えに導いてくれる先生がいますが、リアルな社会では、課題は自分で見つけるものであり、その答えは決して一つではありません。社内研修制度やメンター制度が充実している会社もありますが、一般的には学校の先生のような存在はいません。

この点からも、学校とリアルな社会は大きく乖離《かいり》していると言えるのです。

もちろん、いくつかの学校は変わり始めています。

例えば、ボクの先輩教師である工藤勇一先生は、2014年に千代田区立麹町中学校の校長に着任早々、「誰かがウトウトするような長い職員会議」「子どもたちを叱る基準がバラバラ」「目的が不明瞭なのに形骸化している行事」など200もの課題を洗い出して改革に取り組み、その多くを解決してきました。18年度には、「固定担任制」「定期考査」「宿題」の廃止も断行しました。

これまでの公立学校の常識を覆すような取り組みですが、こうした改革こそ学校がリアルな社会に近づく一歩です。

しかし、まだこういった事例はごく一部です。

学校の現状に違和感を抱く生徒も少なくないようですが、多くの生徒は「学校は所詮そういうところ」と諦め、塾や予備校に活路を見い出しがちです。でも、その一方で、親も含めて学校にそれなりの期待をする結果、毎年、新学期のたびに同じような言葉が繰り返し囁《ささや》かれます。

「今年の担任は当たり（ハズレ）だ」

「すべり止めで入った学校だからやる気が出ない」

「この学校には、教育に対する新しい取り組みが見られない」……

でも、もうやめませんか？ 学校や先生に頼るのをやめませんか？

じつは、こうした言葉は、学校に期待することによる依存型の思考から生まれています。従来の「依存型学習者」では、テストの点数が悪ければ先生の教え方のせいにしたり、興味が持てないことは学校のせいにしたりします。そして、正解のマニュアルを求め、わかりやすい授業をしてくれる塾や予備校に頼るようになるのです。

ところで、学校での「いい授業」とは何でしょう？

静かに先生の話を聞いて、黒板に書かれたことをノートに写すだけの授業が「いい授業」なのでしょうか？

授業参観でその様子を見た親は、「子どもたちが先生の話を熱心に聞いていてよかった」「落ち着いたいい授業だ」と思うかもしれませんが、教師が一方的に教えすぎるのは、生徒の自主性や創造力を奪っているとも言えるのです。

米国の哲学者ジョン・デューイによれば、そもそも子どもには「知りたい」「作りたい」「コミュニケーションしたい」「表現したい」という4つの欲求がありますから、本来、授業はこれらの欲求に応える内容でなければならないのです。

「多様で異質な人たちが、どうすれば相互に承認し了解し合えるか」を生涯の探究テーマとしている熊本大学教育学部准教授の苫野一徳先生も、「今の少なくない学校は、そんな子どもたちの欲求を殺してしまってはいないだろうか」と学校教育のあり方に警鐘を鳴らしています。

ですから、これからの時代、授業での学びは、

・生徒の「主体的な学び」「対話的な学び」になっているか？
・生徒に「深い学び」が起こっているか？

が重要になります。ちなみに、ここに掲げた「主体的な学び」「対話的な学び」「深い学び」の3つの視点は、次期新学習指導要領で授業改善のために謳《うた》われているもので、一般に「アクティブ・ラーニング」と呼ばれているものです。

現役の教師であるボクが、「学校や先生に頼るのをやめませんか？」と言うのは矛盾しているかもしれませんが、そもそも学校とは「生徒たちがリアルな社会でハッピーに過ごせるような教育を行う場」であるべきですし、教師は生徒たちが「主体的に、対話的に、深く学ぶ」のを助けなければならないのです。でも、その理想がなかなか現実化しないのであれば、生徒自身が自律して学ぶ「自律型学習者」に変わるしかないと思うのです。

その信念のもとに、ボクは２０１１年から「教えない授業」を実践してきました。きっかけは東日本大震災です。被災地を訪れ、人間の生活がゼロからスタートしなければならない時が来ることをまざまざと見せつけられました。また、ゼロから立ち上がる人たちの強さ、とくに子どもたちの強さに圧倒されました。

「自分の教え子たちに、こんな力があるだろうか?」

「教師がいなくても学び続ける生徒を育てるにはどうすればいいだろう?」

という疑問を解くために始めたのが「教えない授業」です。

これは、教師が一方的に教えるのではなく、生徒が自律して学ぶようになる授業です。授業の詳細は、『なぜ「教えない授業」が学力を伸ばすのか』(日経BP社)に記しましたが、これまでボクの授業を受けた多くの子どもたちが学力をアップさせ、「自律型学習者」として社会で活躍しています。

そこで本書では、「教えない授業」のノウハウを家庭学習に当てはめ、どんな学校に通っていても、どんな先生に習っていても成長できる「自律型学習者」になるための方法を紹介したいと思います。

教え子たちを見ていても、「自律型学習者」として自分の「学び方」を手に入れた時、彼らは放っておいても新しいことをどんどん学んでいきますし、自ら培った学びによって、環境の変化にも柔軟に対応しています。

本書は、わかりやすさを目的に、教師である「ボク」が高校生の「キミ」に向けた語り口で書きましたが、大学生や専門学校生、あるいは保護者の方々にも読んでいただきたいと思います。

また、「自律型学習者」になることで身につけられる学びと柔軟さは、社会人にも必要なスキルです。「働き方改革」が叫ばれる今の時代だからこそ、どんな会社に勤めていても、どんな上司のもとで働いていても、「自律型学習者」の社会人であればどんどん成長し、活躍の場を広げられるはずです。

多くの方が「自律型学習者」になり、リアルな社会でハッピーに暮らしていくようになることは、持続可能で平和な世界にもつながると信じています。

２０１９年２月

山本崇雄

目次

学校に頼らなければ学力は伸びる

Chapter 1

学校は時代に取り残されている

Chapter 2

自律型学習者を生む授業

Chapter 3

自律型学習者になる方法

Chapter

4

自律して学び続ける方法

Chapter 5

自律型学習者が幸せを作る

装幀・本文デザイン　米倉英弘＋奥山志乃（細山田デザイン事務所）
イラストレーション　いだりえ
編集担当　平城好誠

Chapter

1

学校は時代に取り残されている

今の学校システムは社会で通用しない

キミもう気づいているかもしれないけれど、いま、学校とリアルな社会（社会人として活動する会社や組織の環境）との差は、どんどん広がっている。いや、むしろ「**学校は時代に取り残されている**」と言ったほうがいいかもしれない。

例えば、キミが学校の授業で「AとBとどっちが正しい？」と先生に聞かれたら答えは1つしかないだろう。Aが○なら、当然B は×だよね。しかも、その答えは自分一人で考えなくてはならない。

一方、リアルな社会では、答えが1つしかないということはないし、一人で考えて答えを出すこともあまりない。A、B、C、D、E……とさまざまな選択肢の中から、よりよい答えを仲間と一緒に探る作業の連続なんだ。キミのお父さんやお母さんだって「Aもいいけれど、Eも悪くなさそうだ」とみんなで相談しながら、会社で働いているはずだよ。

学校とリアルな社会では問題解決のしかたが違う

	教育機関（学校）	大人のリアル社会
どんな課題が出るか？	指定された出題範囲から ＝課題は与えられる	出題範囲はない ＝課題を自分たちで提案する
誰と解くか？	一人で解く（テスト）	職場のメンバーみんなで解く
解いている間は？	無言 ＝相談すればカンニング	コミュニケーションしまくり ＝相談すれば褒められる
道具は？	鉛筆と消しゴム	パソコン含めて何でも使う
わからなければ？	教えてくれる先生がいる	フィードバックをくれる人を自分で探す

立教大学 経営学部 中原淳ブログ「NAKAHARA-LAB.net」より

例えば、「大人の学びを科学する」をテーマに、企業や組織における人材開発や組織開発の研究をしている立教大学経営学部の中原淳教授は、「教育機関」と「大人のリアル社会」の問題解決法の違いを上の表のようにまとめている。

この表には、ある課題を解く際に、「どんな課題が出るか？」「誰と一緒に解くか？」「解いている間はどうしているか？」「解くために使う道具は？」「解き方がわからなければどうする？」といった5つの場面で、学校とリアルな社会での解き方が大きく違うことがはっきりと表れているよね。

つまりこの表は、**どんなに「教育機関**

（学校）」での問題解決法がうまくなっても、「大人のリアル社会」での問題解決には応用できないことを示しているんだ。

キミはまだピンと来ないかもしれないけれど、これが現実なんだ。

となると、**そもそも学校が「子どもたちが将来、リアルな社会でハッピーに過ごせるようになるための教育を行う場所」であるとするなら、リアルな社会では通用しないようなシステムを押し付ける学校の授業ってちょっと違うんじゃないか？**　とキミだって思うかもしれない。

こうした学校とリアルな社会との間にある〝違和感〟を、すでに社会人になっている人たちは忘れかけているかもしれないけれど、当事者である今の子どもたちの一部は、とくに敏感に感じているようだ。

不登校生が感じている学校への違和感

一例を挙げよう。不登校の生徒を抱えた家庭の新たな一歩を応援するコミュニティ「イクミナル」を運営する加藤佳子さんが、不登校の生徒やその親に「今の学校のどんなところに違和感を覚えますか？」と尋ねたアンケートに、以下のような声が集まったんだ。

子どもたちの声

・わからないことを「わからない」「教えて」と言いにくい雰囲気があって、置いてきぼりになること
・一度授業で遅れをとると、あとは我慢するしかないこと
・先生の言葉が絶対的なところ
・興味を持ったことがあっても、それを学ぶ時間がないこと
・見た目で判断され、目立つと先生に怒られること
・「個性が大事」と言いながら、それを認めてくれる場がないこと

・軍隊みたいなところ
・保健室も「疲れた……」という理由だけでは使えないこと
・教室のドアがいったん閉まったら二度と出られない〝監禁〟のようなルールがあって、トイレにも行きにくいこと

親の声

・子どもの「能力」に特化して褒めようとすること
・誰かの期待に応えることを最良として「評価」する環境
・子どもをコントロールしようとする意識が働いていること
・一人ひとりの子どもへの個別対応に学校差・地域差があること
・宿題や部活などによる時間的拘束や決まりごとが多く、融通が利かないこと
・疲れ切って、学校に行かないことで自分を維持しようとしているのに、「登校しない＝頑張っていない」という捉え方をする人もいること

どうだろう？

キミも「そのとおり！」とうなずくかもしれないね。

これらの声は、大人数の教室で先生が授業を進めていく中で、「どうやって生徒たちをコントロールすればいいか」という観点で作られた昔ながらの学校システムと、今の生徒や親たちが持っているリアルな社会の感覚とのズレから生まれた「悲鳴」と言ってもいいと思う。

もちろん、すべての学校で同じような悲鳴が上がっているわけではないし、ボクも含めて全国の多くの先生が生徒たちの幸せを願って教育・指導をしているとは思うけれど、こうした昔ながらの学校システムに苦しんでいる生徒がいることも事実なんだ。

その結果が、小中学校で約14万人、高校で約5万人という不登校の生徒を生み出している（平成29年度「児童生徒の問題行動・不登校等生徒指導上の諸課題に関する調査」文部科学省より）。いじめや病気、けが、家庭の事情など不登校になった原因は他にもあるかもしれないけれど、このアンケートを見るかぎりでは、キミと同世代の仲間が今の学校システムに強い違和感を抱いていると言ってもよさそうだね。

「イクミナル」代表の加藤佳子さんは、次のように述べている。

「日本ではオルタナティブスクールやホームスクーリングといったシステムがまだ浸透していないため、学校に通うこと以外の選択肢が知られていません。そのため、子どもたちは、たとえ学校システムに違和感を抱いても我慢しなくてはならず、その結果、体調を崩して不登校になることが多いのです」

ちなみに、「オルタナティブスクール」は、公教育ではないが、子どもが本来持っている探求心に基づいて自律的・主体的に学習や行事が進められる小中学生を対象にした学校。「ホームスクーリング」も公教育ではなくて、学校に通わずに家で保護者が教えたりインターネットを使ったりして勉強するシステムのことだ。

でも、よく考えてみてほしい。

世界有数の先進国である日本で、学校に通える環境が整っているのに学校に行きたくない児童・生徒が20万人近くもいるなんて異常事態だと思わないかい？

ふつうに学校生活を送っているキミだって、ひょっとしたら今の学校システムに違和感を覚えているかもしれない。だとしたら、これは大変な問題なんだよ。

つまり、今の日本は、すでに時代遅れになっている学校システムを根本から変えなければ後戻りできないところまで、追い詰められているということなんだ。


もしキミが、今の学校に違和感を覚えて通うことがつらくなったら、「学校に行かない」という選択肢もあることを知っておいてほしい。ただし、学校に通わないのなら、どうするかをしっかり自分で決めなければいけない。

そのためには、学校に頼らなくても学び続けられる手段を手に入れよう。その方法はたくさんある。まずは、この本を読み進めて、どんな学校に通っていても、どんな先生に習っていても大丈夫な「学び方」を手に入れてほしい。

生徒会選挙の投票率はなぜ１００％なのか？

他にも、学校とリアルな社会で異なることはある。例えば選挙。

２０１６年から18歳になれば投票できるようになったから、キミの先輩の中にも投票所に行った人がいると思う。だけど、全体の投票率は年々下がる傾向にあり、18歳選挙権が導入されて最初の選挙ということで注目された16年の参院選では、投票率は55％にも満たなかったんだ。つまり、投票権がある人の約半分しか選挙に行かなかったということ。

一方、キミの学校の生徒会長を決める選挙はどうだろう？　投票率はほぼ１００％だよね。どうしてこんなに差があるんだろう？

それはね、先生が選挙を学校行事に組み入れて、生徒全員が投票するように計画しているからなんだ。すべて学校側でお膳立てしてくれるから、キミだって投票用紙に書き込むだけで済んだはずだ。その結果が「投票率１００％」というわけ。

中には、選挙にリアルさを出すために、本物の投票箱を自治体の選挙管理委員会から借りてくる学校もあるけれど、そんな形式だけ真似《まね》してもダメだよね。

ボクは、本気で学校にリアルな選挙を持ち込むなら、生徒が始業前や放課後などに自主的に投票所に行くような経験をしなければいけないと思う。

「部活が忙しくて行けない生徒」には期日前投票を実施すればいい。「面倒くさいから行かない生徒」もいるだろうけど、それならそれで「どうすれば投票率が上がるのか？」をみんなで考えればいいんだ。

選挙演説だって、「有権者」である生徒全員が体育館に集まって聞くなんて、リアルな社会ではありえない。これだって、時間と場所を設定して演説会を行えばいい。そうすれば、立候補する生徒だって「多くの人に自分の政策をアピールするにはどうしたらいいか？」を考えるようになるだろう。

こんな話を講演会でしたら、それを聞いていた一人の高校生が「私の学校では数年前から生徒会役員選挙は自由投票なんです」と話してくれた。ところが、去年までは順調だったけれど、今年の投票率は低かったためやり直し選挙になったそうだ。そうしたら、多くの生徒が生徒会を自分たちのこととしてとらえ、やり直し選挙に立候補する生徒が増え、結果的に投票率が劇的に上がったという。「やらされる選挙」から「参加する選挙」へと大きく変わったんだ。

こうした実例もあるわけだから、学校がリアルな社会と同じシステムを取り入れるようになれば、みんなが選挙の大切さや時間の使い方を実体験として理解できると思うんだけど、どうかな？

米国では課題解決型の授業が注目されている

ここでキミに、米国のドキュメンタリー映画を1つ紹介しよう。

米国教育界のオピニオンリーダーであるテッド・ディンタースミス氏がプロデュースした「**Most Likely To Succeed（これからの学校の役割）**」という映画だ。

昨今の米国の学校教育が「学力格差の是正」を目指すあまりテスト偏重の傾向が

強まっている状況に危機感を抱いたディンタースミス氏が、革新的な教育に取り組む高校の先生と生徒の日常を追っている。

映画の舞台になるのは、カリフォルニア州サンディエゴにある「High Tech High（ハイテク・ハイ）」という高校。裕福な家庭の子どもが通う私立校ではなく、むしろ低所得者層の子どもが5割を占める公立校だ。

この高校には時間割りも教科書も定期考査もなく、「何をどれだけどのように教えるか」はそれぞれの先生の裁量に任される。ただし、内容は課題解決型学習で、生徒はチームごとにプロジェクトに取り組み、試行錯誤しながら学期末の展示会に向けて作品を作っていく。先生はポイントを指示したり質問に答えたりするだけで、主役はあくまで生徒なんだ。

例えば「古代文明」をテーマに掲げたチームは、「なぜその文明が生まれ、滅びたのか？」を調べ、表現方法を探し、1つのアート作品として作り上げる。

表現方法は作品作りやプレゼンテーションだけでなく演劇もある。ノーベル平和賞を受賞したパキスタンのマララ・ユスフザイさんの活動を演劇で表現したチームでは、演技だけでなく脚本から監督まですべて生徒が行っていた。

当初は、生徒も保護者も従来とは異なる教育方法に戸惑っていたが、やがて明確な目的意識を持った学びを重ねることで生徒たちは成長していく。しかも驚くことに、この高校ではとくに試験対策の授業もしていないのに、州の標準テストの成績は平均点を上回っているんだ。大学進学率も98％と高い。

その理由は簡単で、**生徒たちはやっていることが面白いから、早いスピードで学んでいく。先生に質問をたくさん投げかけるし、楽しいから学びも深い。だから、とくに試験のための勉強をしなくても、点数が上がるのは当たり前なんだ。**

2018年に来日したディンタースミス氏と話した際、彼はこんなことを言っていた。

「あらゆるものがインターネットにつながったテクノロジーが社会を大きく変える時代になった。でもその一方で、教育システムは産業革命以降125年以上変わっていない。学校は〈イノベーティブな時代に必要な準備をするための場〉であるべき。だから、先生と生徒が協力して教育改革を起こせば、時代に合ったスキルやマインドセット、考え方を身につける環境が整うはずだ」

どうだろう?

さらに、ディンタースミス氏は「キミたちがやっている授業はすでにHigh Tech Highを超えているよ」と、ボクが展開している企業や自治体と協働して行う課題解決型学習にとても共感してくれたんだ。ボクが目指しているのと同じ教育を行う学校が実際に米国にもあることにとても勇気をもらった。

この映画は世界35か国で上映され、大きな反響を呼んでいる。日本でも各地で自主上映されているから、キミも機会を見つけてぜひ観てほしい。

社会で通用するシステムを身につけよう

では、不登校にしろ、選挙にしろ、

学校とリアルな社会がスムーズにつながるにはどうすればいい？

リアルな社会で通用するシステムは、どうしたら学校で学べる？

率直なところボクは、学校のシステムそのものを時代に合うように根本から変えなきゃいけないと思う。でも、現実問題としては難しいだろう。それが理想だとわかっていても、そう簡単に変えられるものじゃない。

そうであるなら……現役教師のボクが言うのもヘンだけど、**「学校を変えられないのなら、生徒自身が変わるしかない」**と思っている。

生徒が学校に依存するのをやめ、学校を利用しつつ、リアルな社会でも通用するようなシステムを自分自身で取得するしかない。そうやって少しずつでも、学校とリアルな社会のギャップを埋めていくしかないと思う。

その具体的な方法が「**自律型学習者**」になることなんだ。

自律型学習者とは、自分の「学び方」を手に入れ、自分をコントロールしながら自発的に学び、成長していける人のことだ。

「自律型学習者」にならないと生き残れない

これは学校と生徒の問題だけじゃなくて、リアルな社会においては、会社と会社員の問題にもつながることなんだ。

キミも耳にしたことがあると思うけれど、今、世間では「働き方改革」という言葉が流行《はや》っているよね。これまで美徳とされてきたような長時間労働が心身に悪影響を及ぼし、生産性の低下にもつながっている状況を解消するために、国を挙げて取り組んでいる試みだ。

また、上司から指示された仕事を淡々とこなすのではなく、自分で目標を立て、考え、効率よく仕事をこなして生産性を上げることが、お父さんやお母さんにも要求されているはずだ。

「テレワーク」といって、自宅や地方など会社以外の場所で働くことで仕事とプライベートをうまく両立させることを勧める企業も出てきた。

あるいは、会社や組織の一員として働くのではなく、自分で仕事を作り出してお金を稼ぐ「起業家」と呼ばれる人も増えている。こちらは、自分で「働き方」を作り出していると言ってもいい。

つまり、リアルな社会ではすでに、こうした「自律型」のビジネスパーソンが求められているんだよ。**会社に頼らず自分で仕事を作って稼げるビジネスパーソンでないと生き残れないように、学校や先生に頼らずに自分で学ぶ生徒にならないと、将来、社会人として生き残っていけない時代になっている**とも言える。

さらには、一つの仕事に一生とらわれるのではなく、複数の仕事を兼業しながら、常に働き方を変えていく時代が来る。

一方、学校では、先生がよかれと思ってキミたちにいろんなことを経験させようとする。その結果、授業も学び方も選べない。毎日たくさんの宿題があって、家で何をするかも選べない。中間・期末考査の計画だって「作らされて」いる。

このように、学校では生徒が「自分で選んで何かをする」場面が圧倒的に少なく、「選ぶ力」が奪われていると言っても過言ではない。そして、このシステムに慣れきったまま社会に出てしまうと、誰かに指示されないと行動できなくなるし、何かうまくいかないことがあれば会社のせいにするようになるんだ。

また、先生が黒板に書いたことをひたすらノートに写すような勉強をしていると、授業中はわかったつもりでも、テストになるとほとんど覚えてない、なんてことになる。覚えてないからテストもできない。そこで、塾に行ってもう一度授業を受ける。同じ内容だから理解しやすいし、知識としても多少は定着する。でも、同じ内容の授業を2回受けるなんて、非効率な学び方だと思わないかい？

学校ではよく「1日◯時間は机に向かおう」と勉強時間の数値目標が出されるけど、本当は、授業中に理解したことを完璧に頭に定着させることのほうが大事であって、時間の問題じゃないんだ。むしろ、家での勉強時間をいかに少なくするかを考えたほうがいい。

スマホだってゲームだって、たくさんやっていい。だけどその分、**やるべきことを優先して、限られた時間を自分でマネジメントしなければならない**。これはリアルな社会でも同じなんだ。

だから、高校生のうちに「自律型学習者」になることは、リアルな社会で活躍することにつながっている。**社会で「働き方改革」が求められているように、学校でも「学び方改革」が必要だ**。今の学校だって、先生が変わらなくても、自分を変えることで「自律型学習者」になれるんだ。

もちろん、「なる」「ならない」はキミの意思だけど、選ぶことには責任が伴うことを覚えておいてほしい。仮に「ならない」を選んで、キミの将来が暗いものになったとしても、選んだのは自分であり、その結果には自分が責任を負わなければならない。だから、何かを決めなければいけない時、お父さんやお母さん、先生に決めてもらうのではなく、直感でもいいから自分で決めて欲しい。

未来は自分の選択の積み重ねで作っていくものなんだ。

Chapter 2

自律型学習者を生む授業

自律型学習者をリアルな社会に当てはめると、**「課題を自分で見つけて、仲間とコミュニケーションしながら自分なりの答えを出す」**ということになる。

そして、キミが高校生のうちに自律型学習者になっておけば、将来、大学生になっても社会人になっても、新しい世界できっと活躍することができるだろう。現在のような（あるいは今以上に）変化に富んだ世界でも、ハッピーに生きていけるだろう。

この本は「どうすれば自律型学習者になれるか？」の方法を紹介することを目的としているけれど、まずは、今のキミと同じように昔ながらの学校システムの中で勉強してきたふつうの生徒が、どんなふうに自律型学習者に変わっていくのかについて、ボクの授業を事例にしながら見ていこうと思う。

ボクは都内の公立中学校からスタートし、現在は、中高一貫教育の学校で教鞭をとっている。専門は英語だ。どの学校も講義型の一斉授業が多く、特別な授業はしていないけど、ボクの授業を受けた生徒たちは次々と自律型学習者になっていく。その方法を手に入れれば、どんな学校に通っていても、どんな授業を受けていても大丈夫。基本的なやり方は家での勉強にも応用できるので、ぜひ参考にしてほしい。

「問い」を見つけて自分で答えを探す

ボクは毎年、中高生の新学期の最初の授業では、生徒たちを外に連れ出すんだ。そして、自分の目で見た校舎の周りの風景を絵と英語で描写してもらう。ちなみに、英語については、中1は英単語で、中2以降は文章で表現する。

その際、みんなに伝えるのは、「問い」を考えながら描写すること。単に目に映ったものを英語にするのではなく、

「なぜ、花にはいろいろな色があるんだろう？」

「なぜ、葉っぱは冷たく感じるんだろう？」

「この木の樹齢はどれくらいだろう？」

といったように、絵を描きながら「問い」を見つけ、自分なりに答えを探して

英語で表現するんだ。

英語の授業なのに教室の外に出るなんて、信じられないかもしれない。

もちろん、同じことは教室内でもできるけれど、初日から教室に閉じこもるより、外に出たほうが気分も開放的になって、「問い」も生まれやすいからね。

とくに新年度の4月は気候も穏やかなので、生徒たちものんびりと季節を感じながらリラックス&ポジティブな気持ちで取り組んでくれる。

そして、教室に戻ってから、次の問題を紹介するんだ。

「あなたがいま試験を受けているキャンパスに関して、気づいたことを1つ選び、それについて60～80語の英語で説明しなさい」

じつはこれ、2017年の東京大学（前期日程・英語）の入試で出た問題だ。

これには、生徒たちもビックリ！　なにしろ、さっきまで自分たちがやっていたのと同じようなことが、そのまま大学入試の問題になっているんだから。しか

中学1年生が絵と英単語で描写した校舎の周り

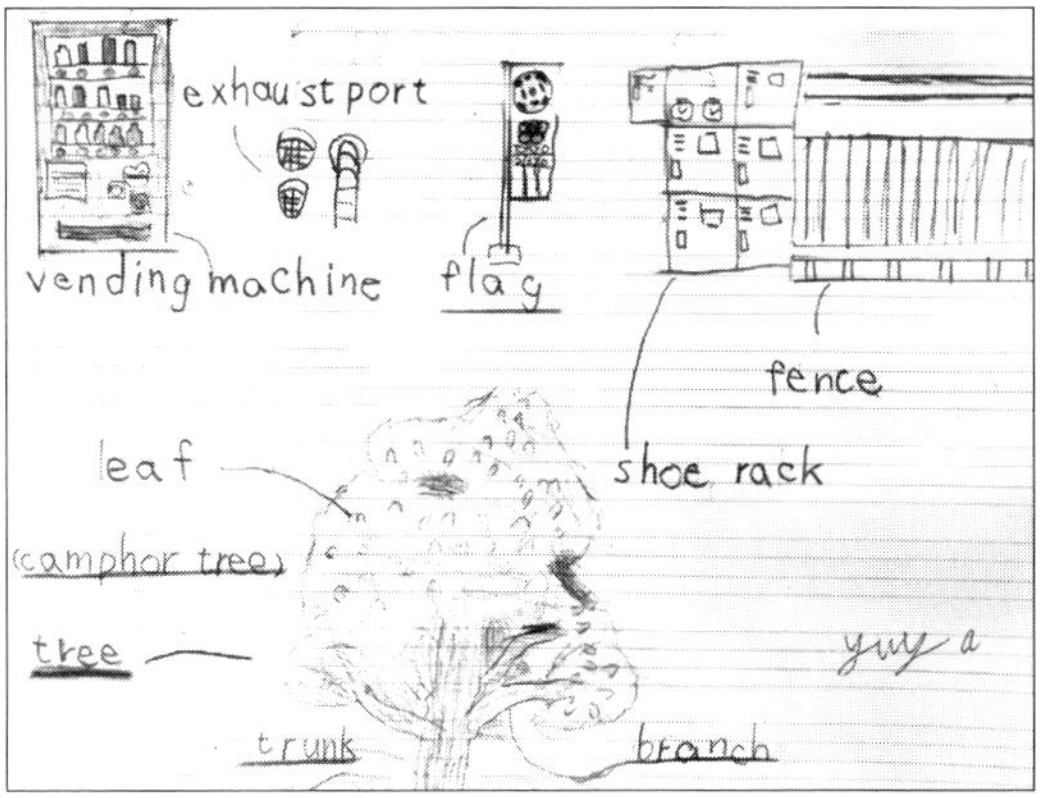

も東京大学の入試で……。

こうして、物事を観察し、自分で「問い」を見つけ、自分なりに答えを探していく学びがその先の世界にもつながっていることを、最初の授業で生徒たちに実感してもらっているんだ。入試対策の問題集とにらめっこするよりずっといいと思わないかい？

教科書も入試も、リアルな社会に結びつけて教室を飛び出すほうが「学び」が広がっていくんだ。結果として、入試問題も解けるようになる。

リアルな社会の問題は答えが1つではない。でも、入試問題の多くは答えが1

つ。つまり、リアルな社会の問題のほうがずっと難しいんだ。だから、学びをリアルな社会につなげた時には、入試を俯瞰して見られるようになる。

どうだろう？　たとえこんな授業がなくたって、同じようなことは学校以外でもできると思う。英語以外の教科にも応用できる。

自分の目に入るものをよく観察し、「問い」を立て、それについて自分なりに答えていくことが、自律型学習者になるための最初のトレーニングになるんだ。だから、まずは「問い」を作ることを楽しんでみよう。その際のオススメグッズは付箋だ。「問い」を思いついたら付箋に書き、ノートにどんどん貼っていくんだ。たくさんの「問い」が生まれると思う。

・朝焼けが見えると雨になるって本当？
・朝ごはんはパンとご飯どっちが健康にいいの？
・通勤ラッシュの解決法は？
・なぜ制服を着なきゃいけないの？

・なぜ給食には牛乳が出るの？
・リトマス試験紙ってなぜ色が変わるの？
・現在完了形って何？
・数学の公式ってどうやって生まれたの？

……などなど「問い」は勉強に関係なくたっていい。疑問に思ったことを付箋に書くだけ。1日の終わりに自分が作った「問い」を眺めてみよう。そこに、「調べたい」ものが見つかったらしめたもの。**自分で「問い」を生み出すことで「知りたい」が生まれ、「調べ」て「考え」て「自分なりの答え」を作る。**

簡単に言うと、これが「自律型学習者」の学び方なんだ。

ただ、「自分なりの答え」は一つじゃないけど、間違いはある。そこを援助するのが先人の知恵。ボクら大人と対話しながら解決してほしい。どんな学校の先生だって、キミが考えて導き出した答えを聞いてくれると思う。

ぜひ、やってみてほしい。

学びはジグソーパズルのようなもの

こういう話を聞くと、「そんなの試験に出ないよ」と思うかもしれない。試験に出ないものを学ぶなんてムダに思えるかもしれないけれど、よく考えてほしい。試験に出るようなものって、世の中のごく一部にすぎないんだ。ムダかムダじゃないかにとらわれて、学ぶことを自分で制限してしまったら、もったいない。

「学び」は、巨大なジグソーパズルを解いていくようなものだ。

学校や教科書での学びは、基礎的な事項について順を追って学び、積み重ねていくことで、理解を深めていく。これは、ジグソーパズルでいうと、端からピースを丁寧に埋めていくような作業だ。

一方、世の中の出来事や事象から「問い」を作り、自由に学んでいく作業は、ジグソーパズルの各所に点々とピースを置いていくようなもの。やればやるほど関連性が生まれ、しだいに全体像が見えてくる。つまり、「問い」から生まれた自由な学びは、思考を広げるピースを置くことなんだ。

だから、どんな「問い」だってムダにはならない。「問い」をたくさん作れるってことは、ジグソーパズルのピースをたくさん持っているということなんだ。

調べたことをワークシートでまとめる

もう一つ、調べたことを絵や図でまとめる授業を紹介しよう。

ボクの英語の授業では、文法のまとめを生徒自身がやっている。

例えば、中学1年生で助動詞canが出てくる授業で、ボクは「canの文法についてまとめてください」と言って、真ん中に「can」と印刷しただけの白紙のワークシートを渡すんだ。すると、生徒たちは一瞬「?」って顔をするけれど、次の瞬間、彼らの好奇心に火がつくのがわかる。どの顔にも「よし、自分で調べてまとめよう」という意欲があふれているんだ。

とはいえ、いきなり「まとめなさい」と言われて戸惑う生徒もいるのはたしか。なので、いちおう簡単に、まとめ方についてアドバイスはするけどね。

最近の英語の教科書は文法の解説がかなりしっかり作られているし、高校生になれば参考書も使うようになる。だから、これらを使って自分なりにまとめればいいと伝えるんだ。

慣れないうちは、教科書や参考書の解説をそのまま転記してもいい。

少し慣れてきたら、例文にある主語を家族や友だちの名前にしてみたり、まとめ方のレイアウトを変えたり、カラフルな色を使ったりして楽しみながらまとめればいい。オリジナルの解説書を作るイメージかもしれないね。

ちなみに、情報収集にはインターネットも役に立つけれど、中には間違った情報もあるので、鵜呑《うの》みにしないように気をつけてほしい。もし、その情報が教科書の解説と違っていたら、教科書を優先するようにしたほうが間違いはない。

その結果、それぞれに次ページにあるようなワークシートを作り上げる。

左の例では、上から順に「1疑問形の頭がDoの場合とCanの場合のニュアンスの違い」「2 canは能力を表すことも日常習慣を表すこともある」「3 canを他の助動詞に変えた時の違い」「4 canを使う時の注意点」「5疑問形の頭をCanからCouldに変えた時のニュアンスの違い」が、わかりやすくまとめられている。

中学1年生がまとめた「can」のワークシート

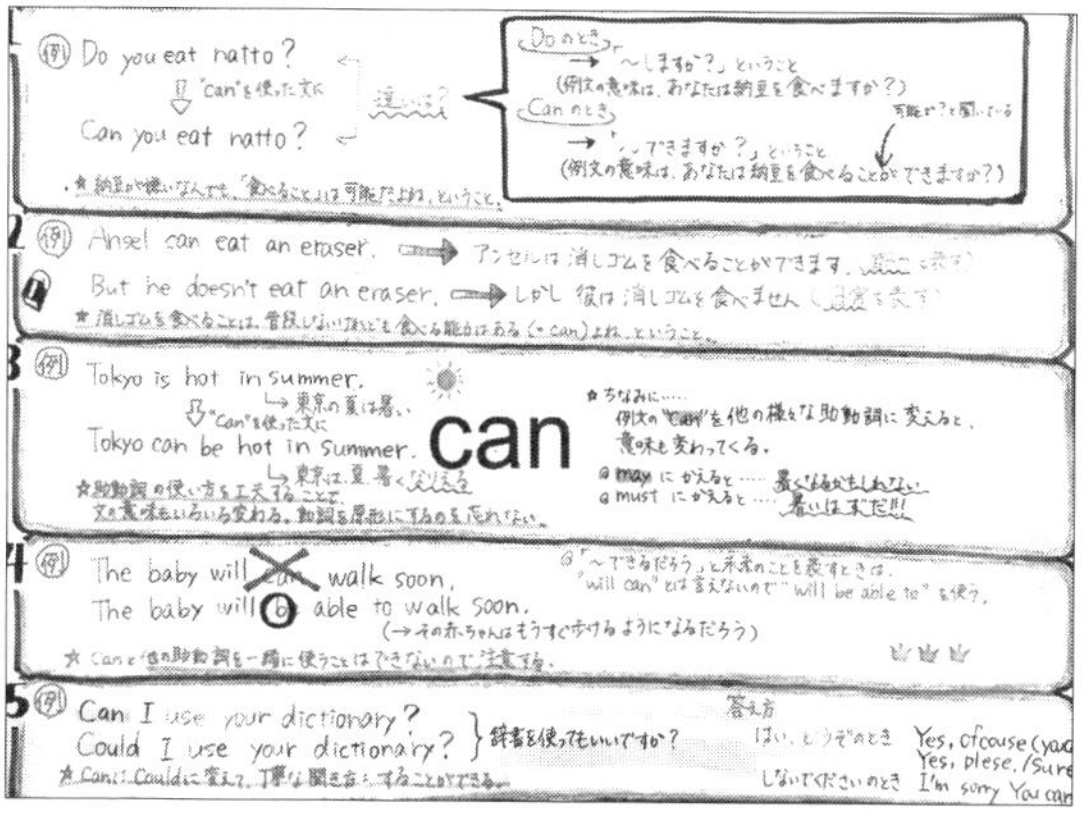

ここまでできたら、今度は自分が作ったワークシートについてお互いに解説し合うんだ。自分で調べたことを他の人に説明することで、自分の理解度も深まるからね。ワークシートが溜まっていけば、達成感も味わえるし。

どうだろう？　この方法だって、家での勉強に取り入れられるし、英語以外の教科にも応用できるはず。わかったことをノートや白紙に書き込むだけで、自律型学習者への道が始まるんだ。でき上がったワークシートを解説する時は、お父さんやお母さんを相手にしたっていいし、恥ずかしければ友だちに聞き役になってもらえばいい。

キミも、誰かに解説するところまでやって、ゴールを味わってほしい。

誰かの役に立つために学ぶ

ボクが長年、中高生に接してきてわかったのは、どの生徒も学習へのモチベーションが一番上がるのは、利他的な行動をしている時だということ。つまり、「誰かの役に立つため」に学んでいると自分で気づいた時なんだ。

キミも中間考査や期末考査の点数には一喜一憂すると思う。90点なら「よかった」と思うだろうし、赤点を取ったら落ち込むだろう。かつてのボクもそうだったから、その気持ちはよくわかる。

けれど、いま教師として生徒たちを見ていると、学びの目的が自分の点数を上げるためだけになっている生徒は、自律型学習者になるのが難しい傾向がある。

なぜなら、試験に出ない学びを面白がれない彼らがリアルな社会のような試験のない世界に放り込まれたら、目標を見失ってしまうからだ。

キミのお父さんやお母さんが毎日取り組んでいる「仕事」が確実に誰かの役に立っているのと同じように、リアルな社会で通用する学びを手に入れるためには、「誰かの役に立つために学ぶ」という視点を持つことが大事だ。

たしかに、テストの点数は悪いよりはいいほうが嬉《うれ》しいけれど、それは学びの過程の一つの指標であってすべてではないと理解してほしい。20点だったら80点分の可能性があると考えてほしい。もっと言えば、100点なんて上限はいらない。無限の可能性をテストでは測れないんだ。

その可能性を伸ばしていき、**「今学んでいることはいつかきっと誰かの笑顔につながる」**と思って取り組むことが大切なんだ。

だから、ボクの授業には「誰かの役に立つために学ぶ」仕掛けがしてある。

その1つが、4人1組で英語の長文を読むこと。文章全体を4分割して拡大プリントしたものを壁に貼り、各人がそれぞれの担当箇所を読んで、何が書かれているかをシェアして長文全体の意味をつかんでいくんだ。

これは、ジグソーパズルのピースを集めていくようなイメージなので**「ジグソー法」**と呼ばれる学習法だ。自分が理解しないとグループの他のメンバーに迷惑がかかるから、みんなに貢献しようと、誰もが一生懸命に取り組むんだ。

他にも、授業そのものを生徒たちで進める「生徒による授業」も行っている。生徒が先生役になり、指導案や教材を作って授業をするんだ。

例えば、中学3年の3学期には義務教育の最後ということもあり、最終的に「自分たちで授業ができるようになるまで学ぼう」と言って、教科書の1レッスンをグループで分担して授業をする。

準備段階ではボクも一緒になって議論するんだけど、「どんな授業が面白いだろう？」「どんな内容だったら力がつくだろう？」といった議論は教師仲間の研究会のようだ。その上で、生徒たちはこれまでの経験を活かして授業内容を練っていくんだ。

そして実際の授業では、大人顔負けのアニメを作ってきたり、手の込んだパワーポイントを用意したり、寸劇で表現したり……とボク一人ではとても準備しきれないような多様な授業が生まれる。

じつは、日々の授業で一番学んでいるのはボクら教師なんだ。教師が「生徒に教える」ためには下調べもたくさんあって、教える内容の何倍も授業前に学ぶわけ。それと同じように、教室内で一番学ぶのが生徒自身であってほしいから、あえて「生徒が生徒に教える」機会を積極的に作っているわけだ。

キミも友だちから勉強を「教えて」とお願いされることがあるだろう。その時、「わかる」ことと「教える」ことは違うって直感的に思うんじゃないかな？ いつでもどこでもできるから、それぞれの得意分野を教え合うことを目的に集まってもいいだろう。それを発展させれば、「自分たちが受けたい授業」を自分たちで作ることだってできるはずだ。

放課後の教室に仲間で集まって、自分たちの授業をやってみたらどうだろう？ 面白い授業が生まれそうだ。

学びを個別化し、共同化する

ボクがかつて、中1から高3までの6年間を担当した都立両国高校の英語の授業では、生徒たちが教科書で学んだことを絵や図にして、お互いに説明し合うことが当たり前になっていた。わからないところがあれば一緒になって考え、自分たちで解決していたんだ。

このように、ある目標に向かって仲間と協力して学んでいくことを **「学びの共同化」** って言うんだけど、高校3年になると、大学入試に向けて一人ひとりの学びたいことが異なってくる。文学部の英文科を目指す生徒は英文学に関心が深くなるし、経済学部を目指す生徒は企業の動向や世界経済のニュースに興味を示し始めるんだ。現実的にも目前の大学の入試問題に適応させなければならない。

そこで、生徒たちは「調べたことを絵や図でまとめる授業」の延長として、志望校の過去問や新聞記事など自分の学びたい素材をそれぞれに用意して図や絵でまとめ、わかったことを他の生徒に伝える授業を実践した。

こうなると、学びが一人ひとりの目的に向かって違うものになってくるので、これを「**学びの個別化**」と言うんだ。

学びの素材や方法はそれぞれ異なるけれど、他人に説明することで自分の理解がより深まるわけだ。彼らは自発的にそれを実践し、教師がいなくても学び続けられる教室になったんだ。

この行動が、ひいては大学入試で志望校合格につながるんだけど、残念ながら浪人してしまった生徒たちが卒業後も目標に向かって学び続けられたのは、自分で学ぶ内容や方法を選んで自律的に学ぶ「学びの個別化」がしっかりできたからだと思う。そして、必要に応じて友人や教師を頼ったり、予備校や塾を利用したりして「学びの共同化」をうまく取り入れ、最終的に合格を獲得していったんだ。

一年浪人の末に合格したある生徒に、こんなことを言われたことがある。

「先生、待っていてくれてありがとうございます。先生が無理に勉強を押し付けなかったから今があると思います。勉強したいって自分で思うようになりました」

これを聞いてボクはとても嬉しかった。彼女のように「学びたい」というスイッチは自分で押さないといけないと思う。そのタイミングは一人ひとり違っていい。社会人になってからでもいい。よく「学生時代にもっとよく勉強しておけばよかった」って言う大人がいるけれど、何事も遅すぎるってことはないんだよ。最近は大人向けの大学の講座も多いし、人気もある。また、「リカレント教育」といって、社会人になった後に新たな職のチャンスを広げるために学び直す機会も増えているんだ。

寿命が延び、「人生100年時代」が現実味を帯びてきた昨今、新卒で入社した会社に定年まで勤めるという働き方は少なくなるはずだ。さらなる技術革新で社会も常に変化する。だから、**常に学んで、自分をアップデートしていく「自律型学習者」になることが社会に出て働く上でも必要になる**んだよ。

一方、大学に進学した生徒たちも、大学の授業の中から自分の学びたいことを深め、留学やボランティアへの参加など積極的に行動しているケースが多い。

ボクの教え子で東京の多摩地域にある檜原村《ひのはら》で活動している大学生たちは、過疎化が進むこの村でさまざまなプロジェクトを始めている。使われていない畑に綿花を植えて檜原ブランドのオーガニックコットンを作ったり、地元特産のジャガイモを使った商品を開発したりして、最近では協力企業も集まりだした。

こうした先輩たちの活動を知った在学中の中高生も、やりたいことが生まれた時は、「やってみたいな……」から「やってみよう!」に変わってきている。

「夏休みの経験をシェアする機会がほしい」と放課後に発表イベントを企画したり、サンゴ礁の消滅を描いたドキュメンタリー映画の上映会を開催したり、授業の枠を超えて「やってみたい」を実行している。こうなると、ボクら教師は応援すると同時に、彼らから学ぶことになるんだ。

こうして学ぶことにおける世代間の枠がなくなっていくことを、ボクは「**学びのパートナーシップ**」と呼んでいる。これからの時代、教師が一方的に生徒に「教える」だけでなく、生徒自身が「学ぶ」場を作ることも必要だと思っている。

このように、自律型学習者になれば、進学した後でも主体的に学び続けるようになる。こんな生徒たちがリアルな社会に出ていったら、変化し続ける社会であっても間違いなく対応できると思わないかい？

学校の学びをリアルな社会につなげる

「学び」をリアルな社会につなげたほうが、生徒たちは主体的になり、深く学ぶようになる。だから、ボクの授業では「プロジェクト」という名目で、授業をリアルな社会につなげる機会を設けている。例えば、

「理想の教科書を作ろう」プロジェクト
「理想の東京ツアーを作ろう」プロジェクト
「食品ロスを減らすアイデアを出そう」プロジェクト
「外国人観光客をハッピーにする飲食店を作ろう」プロジェクト

といった感じ。これは「**プロジェクトベースラーニング（Project-based learning／PBL）**」と言われ、「プロジェクトを達成するためにいろいろな教科を学ぶ」というもの。つまり、**1つのプロジェクトを達成するためには歴史的、科学的、数学的、国語的などいろいろな側面から分析したり考えたりして、結果的にそれぞれの教科がすべて何らかの形でつながっていることを学ぶ**んだ。

例えば、「理想の教科書を作ろう」プロジェクトを推進する場合、まずは既存の教科書をしっかり読み込むことになる。そして、どんな教科書だったらもっと自分たちがワクワクするか、わかりやすいか、学びたくなるかを考えて、いろいろなアイデアを提案していくんだ。

そして最後、まとめたものをグループごとにプレゼンテーションする場に、リアルな社会で活躍している社会人を招待する。

「理想の教科書を作ろう」プロジェクトでは出版社や教材会社の方々に、「理想の東京ツアーを作ろう」プロジェクトでは旅行会社の方々に参加してもらった。

そして発表後に、業界のプロである大人から「それは今までにない視点だね」「これはすぐにでも取り入れたいアイデアだ」といったコメントが出てくると、生徒たちはとても喜ぶ。「もしかしたら、自分のアイデアが実現化するかもしれない」とワクワクする子もいる。たとえ採用されなくても、自分たちのアイデアがリアルな社会で必要とされていることを実感するんだ。「自分たちが学んだことは、たしかに社会につながっている」とね。

キミも、仲間を集めて一緒に社会人に提案してみると、思いのほか好意的に受け取られて、プロジェクトが実現するかもしれないよ。

「やってみたい」プロジェクトを作る

このような「社会から必要とされている」感覚を手軽に味わうには、自分が住んでいる町内や地域で「やってみたい」プロジェクトを作るのがいいだろう。

そこで紹介したいのが、自分のプロジェクトを実現させたい高校生を応援する「全国高校生マイプロジェクト（通称マイプロ）」という取り組みだ。自分が抱えている「気になること」「こうあってほしい」を解決するために、高校生がプロジェクトを立ち上げて実行するという活動。

「川崎市を、高校生ならではの視点でより良く変えていく」プロジェクト
「不登校の子たちが自分の良さを発揮できる環境をつくる」プロジェクト
「自分の好きな映像制作と、大切な町の活性化をつなげる」プロジェクト
「被災した町に新しい特産品と観光名所をつくる」プロジェクト

などなど、ホームページ（https://myprojects.jp/）を見ると、地域やテーマごとにたくさんのプロジェクトが並んでいる。プロジェクトを始めるためのキャンプやビデオ通話システムを使ったオンライン講座もあって、高校生の「やりたい」を援助する仕組みができている。

ちなみに、ボクが生物科教諭の山藤旅聞先生と起ち上げたプロジェクト「未来教育デザインConfeito（http://www.confeito.org）」でも、生徒が主体的に社会問題を考える場「未来教育アフタースクール」を開催して、海外の教育実践家たちと未来の学校の在り方についてディスカッションしたり、環境問題をテーマにした映画上映会を開いたりしている。

そこでは、実際に行動したいことが生まれたら、大学や企業と協働してプロジェクトに発展することもある。これまでにも、「地球のことを考え、行動する日」を合言葉にしたフェスティバル「Earth Day Tokyo」に出展したり、飲食店のメニューを開発したり、ペットボトルのリサイクルのアイデアを出したりといったプロジェクトが生まれている。

こうしたプロジェクトに積極的に参加してみると、「自分は社会に必要とされている」ことが実感でき、「自分の学びを社会につなげる」ためのモチベーションも上がると思う。

Chapter

3

自律型学習者になる方法

これまでの章で、キミも「学校に頼らず、自分で学ぶ自律型学習者になることが未来を明るくする」というメッセージは受け取ってもらえたと思う。

でも、もしかしたら、自分の通っている学校では自律型学習者になるのは難しいと思うかもしれない。先進的な授業をしている学校を羨ましく思うかもしれない。でもそれは、単に比較することによって、自分で勝手にダメだと思っているだけなんだ。

比較なんかしなくていい。
自分の学校がダメだなんて思わなくていい。

間違いなく言えるのは、キミの学校の先生たちも全力でキミの幸せを願っているということだ。だから大丈夫だよ。学校や先生に頼らなくても、キミの学び方を変えるだけで、誰でも自律型学習者になれるんだ。

そこで、この章では、自律型学習者になるための具体的な方法を紹介していきたいと思う。少しずつでも実践して、自律して学ぶことを習慣化してほしい。

日常生活の中で「問い」をたくさん作る

繰り返しになるけれど、自律型学習者になるためには、まず「問い」を作る習慣を身につけることだ。と言っても、あまり難しく考えずに、身の回りにあるもののの中からできるだけたくさんの「問い」を作ることで「問い作り」そのものを楽しむことだ。第2章で紹介した、新学期の中学生のようにね。

例えば、次のような「問い」は、ふだんの生活の中でいくらでも見つけられるんじゃないだろうか。

・水は沸騰し続けても100度を超えることはないの？
・電子レンジは火を使わないのに、なぜお弁当を温めることができるの？
・エアコンは、どうして1台で暖かい風や冷たい風を出すことができるの？
・カフェオレとカフェラテってどう違うの？
・お客さんが少ないレストランを人気店にするにはどうすればいい？

こうやって、出てきた「問い」を付箋に書き出してノートに貼り、インターネットや辞典で調べたり、友だちと話し合ったりしていくと、キミの知識はどんどん広がっていくだろう。

授業を受けている時だって、「問い」作りはできる。ノートや教科書の余白に授業中に思いついた「問い」をたくさん書き出す習慣をつけよう。たとえ、先生が一方的に話したり、板書したりする授業でも、「問い」を考えながら聞くと学びがアクティブになるし、眠くもならないはずだ。

「開かれた問い」を意識的に作る

「問い」を作る時のいちばん身近なお手本は教科書だ。教科書のすべての文章から「問い」を作ることができる。

例えば、英語の教科書にTom likes soccer.「トムはサッカーが好きです」という文章が出てきたら、Does Tom like soccer?「トムはサッカーが好きですか?」という問いが作れる。また、What sport does Tom like?「トムはどんなスポーツが好きですか?」という問いも作れるだろう。

このとき、前者の「問い」には「好き」か「きらい」で答えられるし、後者も「トムはサッカーが好き」なので答えは1つだ。ちなみに、こうした「答えが1つしかない」問いを「**閉じた問い（closed-ended question）**」って言うんだ。

さらにここから、Why does Tom do sports?「なぜトムはスポーツをするんですか?」という「問い」も作れるよね。でも、この問いについての答えは1つとは限らなくて、「気持ちがいいから」「サッカーが上手《うま》くなりたいから」「医者から勧められたから」……と答えが何通りも考えられる。ただ、教科書に答えが載っている可能性もあるので、答えが1つになることもある。

では、Why do people do sports?「なぜ人はスポーツをするのか?」だったらどうだろう。こういう問いだと、答えの可能性が広がるのがわかるかい？　あれこれ想像することで思考が広がっていくので、これを「**開かれた問い（open-ended**

question)」と言うんだ。

このように「問い」にはいろいろな種類がある。

そして、じつはこの「開かれた問い」こそが、リアルな社会で求められる課題解決につながる。**つまり、何通りもありそうな「問い」の答えを探すことで「学ぶ」という主体性が生まれてくる**んだ。

だからキミも、ある程度「問い」作りに慣れてきたら、「開かれた問い」を意識的に作るようにしてほしい。

ワクワクする「問い」を作る

「開かれた問い」作りで大切なのは、その答えを探すのにワクワクするかどうかだ。そんなワクワクしそうな問いの例をいくつか挙げるので参考にしてほしい。

ボクも授業で使っている『Q：Skills for Success』(Oxford University Press) という英語のワークブックの特徴は、各項目のタイトルが思考力を刺激する「問い」の形になっていることなんだ。

・What kind of person are you?「あなたはどんな人ですか？」
・What is a good job?「いい仕事って何ですか？」
・Why is vacation important?「なぜ休暇は大切なのですか？」
・What makes you laugh?「どんな時にあなたは笑いますか？」
・Is it ever OK to lie?「嘘をつくのはいつでもいいことですか？」
・Is discovery always a good thing?「発見はいつもいいことでしょうか？」

どうだろう？　一瞬、考えるよね？

こうした「開かれた問い」の答えを考えることが探究心を刺激し、積極的に英語を読んだり、話したりすることにつながるんだ。どれも簡単には答えられない「問い」だよね。

海外の大学の入試問題も参考になる。以下は、米国のオックスフォード大学、英国のケンブリッジ大学の入試問題の一部だ。

オックスフォード大学

・過去に戻れるとしたらいつにしますか、またそれはなぜですか？（法学）
・幸せだ、とはどういうことですか？（哲学、現代言語学）
・なぜ世界政府はないのでしょうか？（哲学、政治学、経済学）
・カタツムリには意識はあるでしょうか？（実験心理学）

ケンブリッジ大学

・自分の臓器を売ってもいいでしょうか？（医学）
・なぜ、昔、工場の煙突はあれほど高かったのですか？（工学）
・誠実は法律のどこにおさまるでしょうか？（法学）
・どうしたら建築で犯罪を減らせるでしょうか？（建築学）

（『あなたは自分を利口だと思いますか？』ジョン・ファーンドン著
小田島恒志・小田島則子訳　河出書房新社より）

これらの「問い」は、単に自分はどう思うかを述べるだけでなく、「問い」に関わる知識や歴史などを踏まえながら、自分の意見につなげなければならないんだ。つまり、答えは1つではないけれど、何でもいいというわけではない。

入試でも「開かれた問い」が試される

近年、日本の試験でもユニークな「問い」が見られるようになった。

その一例が、首都圏最大規模の中学模試を手掛ける首都圏模試センターが中学入試の出題傾向を分析するために作った「思考コード」だ。このコードは、従来の点数や偏差値に代わる新しい学力の基準として注目されているんだよ。

この模試では、4教科（国語、算数、理科、社会）の各設問が、思考コード上のどの領域に該当する問題なのかが分類されていて、正答率によって受験者の思考力の傾向がわかるようになっているんだ。

それを具体的に示したのが次ページの図だ。日本にキリスト教をもたらしたスペインの宣教師フランシスコ・ザビエルにまつわる問題が9つの枠で並んでいて、タテ軸の上に行くほど「問い」の難易度が上がり、横軸の右に行くにしたがって知識の活用力や表現力が上がるようになっている。

Aの領域は単に知識や理解を聞く「問い」で、Bの領域は事実に基づいて論理的に適切な形で答える「問い」だけど、注目すべきはCの領域だ。「問い」を自分事として捉え、さまざまな知識を活用しながら答えを創造しなければならない。

例えば「C3」にあるように「もしあなたが、ザビエルのように知らない土地に行って、その土地の人々に何かを広めようとする場合、どのようなことをしますか。600字以内で答えなさい」などという問題は、大人だって考え込んでしまうだろう。

ボクの経験からも、生徒たちがワクワクして取り組む「問い」はCの領域のものが多い。だから、「問い」を作るときは、ぜひCの領域を意識するようにしてほしい。面白い「問い」が作れるはずだよ。

ザビエルに関する問題を9領域に分類している

変換操作	全体関係	3 変容	A3 ザビエルがしたこととして正しい選択肢をすべて選び年代の古い順に並べなさい	B3 キリスト教の日本伝来は、当時の日本にどのような影響を及ぼしたのか、200字以内で説明しなさい	C3 もしあなたが、ザビエルのように知らない土地に行って、その土地の人々に何かを広めようとする場合、どのようなことをしますか。600字以内で答えなさい
複雑操作	カテゴライズ	2 複雑	A2 ザビエルがしたこととして正しい選択肢をすべて選びなさい	B2 キリスト教を容認した大名を一人あげ、この大名が行ったこと、その目的を100字以内で説明しなさい	C2 もしあなたが、ザビエルだとしたら、布教のために何をしますか？　具体的な根拠と共に400字以内で答えなさい
手順操作	単純関係	1 単純	A1 （ザビエルの写真を見て）この人物の名前を答えなさい	B1 ザビエルが日本に来た目的は何ですか？ 50字以内で書きなさい	C1 もしあなたが、ザビエルの布教活動をサポートするとしたら、ザビエルに対してどのようなサポートをしますか。200字以内で説明しなさい
（数）	（言語）		A 知識・理解思考	B 論理的思考	C 創造的思考
			知識・理解	応用・論理	批判・創造

首都圏模試センター コラム「21世紀教育」より

大学入試も変化している。２０２１年の早稲田大学政治経済学部の学部独自入試のサンプルが公開された。

「あなたは、日本において英語を話せることの重要性は、将来増していくと思いますか、減っていくと思いますか、それとも現状のままだと思いますか。問題文を踏まえ、理由とともに記述解答用紙に300字以内の日本語で論ぜよ」

この問題も、単に知識を詰め込んだだけでは解けない。これを解くにはもちろん知識が必要だが、創造的思考もないといけない。だからこそ、「開かれた問い」について、あれこれ想像しながら自分なりに解決方法を見つけていくプロセスを楽しめるようになったほうがいいんだ。

そして、大切なのはこれらの「開かれた問い」の答えは1つではないけど、間違いもあるということ。

歴史的な事実や知識を踏まえて、自分の考えを書かなければいけないから、教科書にある事実や知識も重要なんだ。教科書で事実を確認し、学んでいく過程で教科書の内容も頭に入ってしまう、といった学びのプロセスを意識してほしい。

学びの手段を手に入れる

先ほどの海外の大学入試問題で見たように、「開かれた問い」は、どんな答えでも正解になるわけじゃない。自分の答えを裏付ける理由が十分でなければ、その答えは独りよがりのものになってしまう。

そこで、「開かれた問い」の正解を導き出すための手段について紹介しよう。

自律型学習者になるための1つ目のポイントは「学びのシステムをリアルな社会に近づけること」だったよね。その方法として、仲間と議論することやワクワクする「問い」作りの重要性を語ってきたけれど、もう1つの重要なポイントが**「自分に合った学び方」を手に入れる**ことなんだ。

ここでは、インターネット、教科書、辞書を使った学び方を紹介したい。

インターネットを賢く利用する

キミもそうだと思うけれど、何かわからないことがあれば、まずインターネットで調べるよね。たしかに、インターネットはいちばん手軽に調べられる道具だし、多くの中高生がスマホを所有している現代では、インターネットはすっかり生活の一部になっている。

ただし、注意しなければいけないのは、インターネットには信頼度の低い情報や嘘のデータがけっこう紛れているということ。見つけた1つの記事を全面的に信じるのではなく、同じテーマの他の記事にも目を通したり、その情報は「どこの誰が、どんな人に向けて、何の目的で書いている記事なのか？」をその都度、意識することを習慣にしてほしい。

また、インターネットは検索だけでなく、さまざまな学習コンテンツを提供してくれる場所として利用することもできる。

ボクの教え子たちの中にも、何かわからないことがあると、ヒントになるような動画をYouTubeなどで見つけて復習している生徒がけっこういる。

例えば、英語の現在完了形が分からない時、パソコンやスマホで「現在完了、動画」で検索すると、全国の学校や塾や予備校の先生が丁寧に解説している動画がずらりと並んでいるのがわかるだろう。

それらの多くは10分前後でまとめられているし、しかも完璧に理解できるまで何度も繰り返し見ることができるので便利だ。英語以外にも、化学や日本史など他の教科もあるし、勉強法や暗記法などに特化した動画もある。内容はどれもしっかりしていてわかりやすい。

最終確認は教科書に立ち返る

教科書の作成には多くの専門家が編集に携わり、文科省の審査も受けているから「信憑《しんぴょう》性の高さ」といった点では、インターネットの情報や市販の教材よりも抜きん出ている。だから、基本的な情報に立ち返る際には、教科書を利用するのがいちばんだ。

例えば、英語の文法がよくわからない時、インターネットを使っていろいろ調べたら、最後は教科書で確認する習慣をつけてほしい。多くの教科書には「まとめ」ページが必ずあって、そこには重要なポイントがシンプルにまとめられているんだ。だから、**教科書を覚えるのではなく、教科書で理解する**と考えればいい。

これは他の教科でも同じで、例えば「生物」。

食事について「人間は食事でDNAを摂っているけれど、食べたDNAはどうなるんだろう？」という疑問を抱いたら、まずは辞典やインターネットで調べる前に、思いついた問いを付箋にどんどん書き出すんだ。

・DNAはどこまで分解されるのか？
・食べたDNAは人間と何が違うのか？
・DNAが吸収されたらどこに貯蔵されるのか？
・モノを食べていない胎児はどこから栄養をとっているのか？
・卵にはDNAが入っているのか？

これらは、実際にキミと同じ高校生が作った問いなんだけど、不思議なことに、これらの答えを探していくと自然に教科書の内容に近づいていくんだ。

具体的には、「ＤＮＡはどこまで分解されるのか？」という問いは生物基礎の「遺伝子とそのはたらき」分野の「ＤＮＡの構造」に該当するし、「食べたＤＮＡは人間と何が違うのか？」という問いは同分野の「ゲノムと遺伝情報」に該当するといった具合だ。

だから、教科書で該当する箇所を読み込めば、冒頭の問いの答えが見つかるというわけ。その意味でも、教科書は学びの基本中の基本なんだ。

こうした問い作りを授業に取り入れている生物科教諭の山藤旅聞先生の話では、「観察から問いを作り、考察をした上で教科書に戻ると、用語や解説が驚くほど頭に入ってくる」そうだ。また、教科書の解説がじつに簡潔にまとめられていて、わかりやすいことにも気づかされるはず、とも言っている。

辞書を使って対話する

「トンネルデザイン」という言葉を知っているかい？

ボクの解釈では、「外の景色を楽しむこともせず、ひたすら出口に向かってトンネルを走る」ような行動のことだ。身近なところでは、調べたい言葉を入力すれば一発で答えにたどり着くインターネット検索のようなものだね。これを学びに例えると、正解だけを目指して学んでいると、その周辺にある大事な情報が目に止まらないのと同じ。

一方、紙の辞書は〝寄り道〟ができる。つまり、調べたい言葉を辞書で引くと、目的の言葉だけでなく、その周囲に書かれた言葉や説明も自然と目に入ってくるから、つい読んでしまう。つまり、辞書を引くことで多くの情報が得られ、それによって学びの幅が広がり、考える機会が与えられるんだ。

スピードも大事だけど、〝寄り道〟することで得られるものも多いんだ。

辞書に親しむと、語彙《ごい》力もついてくる。

言葉の意味だけでなく、その言葉を使った例文や慣用句を覚えていくと、表現の幅が広がってくる。また、例文の主語を自分や家族、友人に置き換えたり、自分の意見を発表する時にあえて使ったりしているうちに、自然と語彙が増えてくるんだ。

このように、わからないことを調べる方法はいくつもあるので、状況に応じてインターネット、教科書、辞書を適宜選択すればいい。安易にインターネット検索に頼るのではなく、小まめに教科書や辞書をめくってほしい。

そのためにも、手軽に辞書に手が届くように、自宅のリビングなどよくいる場所に辞書を置いておくといいよ。

観察して学ぶ

インターネットや教科書、辞書以外の「学び方」として、「観察して学ぶ」という方法も紹介しておきたいと思う。

ここではボクが説明するより、「観察することが自律型学習者になるための学びに重要」ということについて、東京・上野にある国立科学博物館で「学び」の担当をしている方からいただいたメッセージを紹介しょう。

＊　＊　＊

「観察から学ぶ」面白さを知りたくなったら、ぜひ博物館に足を運んでみてください。私の経験ですが、館内をぶらぶら歩きながら、授業で細切れに学んできたことが、じつは、あれもこれもつながっていたことを発見した時は、感激しました。歩いているうちに、自分はとくにこの分野（私の場合は動物）が好きだというのを確認でき、将来の進路の参考にもなりました。

また私は、海外の博物館に行くと英語の解説を懸命に読みます。日本の博物館でも、展示物のタイトルや解説がわからない時は英文を読んだほうがわかりやすいこともあります。こうして、博物館で英語を学ぶのも面白いと思います。

博物館にはたくさんの展示があるのですが、あらかじめ設定した問いに答えてくれるような展示は多くありません。でも、1つの展示にじっくり取り組むことで見えてくることがあります。

例えば課外学習で、香川県の高校生たちは次のような流れで取り組みました。

1．展示物をよく見る
2．展示を担当した学芸員が伝えたいことは何か？　を読み解く
3．それを伝えるために博物館はどんな工夫をしているか？　を考える
4．発見したことを同級生に向けて発表する

また、千葉県の高校生たちには、展示を読み解いた後で、学芸員に自分たちが立てた仮説が正しいかどうかを質問し、さらに研究室で助手として標本作りなどを体験した上で、学んだことを展示室で来館者に発表してもらいました。

みんな、ふだんの教室での授業とは違ったとても満足した時間を過ごしたようです。つまり、展示物に添えられた解説をそのまま信じるのではなく、どうしてそんなことがわかったのか？　それは本当か？　といった「考える材料」として展示を観察すればいいのではないでしょうか。

お勧めの博物館の利用方法は、「展示を観察して問いを立てる→答えを考える→学芸員に質問する」といった流れです。そもそも学芸員は、問いを立てて、標本資料に基づいて答えを考えて、その成果を学会で発表したり展示で表現したりするのが仕事ですから、きっと皆さんのよきアドバイザーになれると思います。

また、当館で開催している「ディスカバリートーク（博物館の研究者が自分の研究や担当した展示について解説するギャラリートーク）」や「自然観察会（野外に出かけて、動植物や岩石鉱物、化石などを観察したり採集したりするほか、基礎的な観察の仕方や、標本の作り方を紹介する）」への参加もお勧めします。日ごろ、作業や実験で忙しい研究者もこの日は研究室を離れているので、ゆっくり対応してくれます。http://www.kahaku.go.jp/learning/event/index.html

博物館はモノを通して考える施設ですが、モノに直接触れる機会を増やそうと「かはくのモノ語りワゴン」を始めました。これは、常設展示室の各フロアに設置したワゴンの上で、実物標本や模型に実際に触れてもらいながら展示物に込められたいろいろなエピソードやヒミツを、紹介するというものです。

http://www.kahaku.go.jp/exhibitions/permanent/wagon/index.html

こうして、皆さんに何度も博物館に足を運んでもらえるように、われわれも努力を続けたいと思います。ぜひ博物館を、学びの場として利用してください。

（国立科学博物館　事業推進部　常設展示・博物館サービス課副課長　岩崎誠司さん）

※注――学芸員という名称は「資格」を指す場合と「職名」を指す場合がある。国立科学博物館には学芸員という職名はないが、ここでは博物館全般で使用されることが多い職名として、学芸員とした。

＊　＊　＊

このように、「観察」は学び方のプロセスの1つなんだ。「体験から学ぶ」と言ってもいいかもしれない。また、単に観察するだけでなく、みんなと一緒に「よく読み」「よく聞き」「よく話し」ながら五感をフル回転させることが、学びの出発点になるんだよ。

「魔法のノート」を作る

ここまで、「問い」を作ることを中心に自律型学習者になる方法を述べてきたけれど、頭でわかってもなかなか実行に移すのは難しいと思うかもしれない。そこで、これまで提案した学びを誰でも簡単に実行に移せる**「魔法のノート」**を紹介しよう。

この「魔法のノート」のフレームを使えば、どんな先生に習っていても大丈夫。自律型学習者になるための学びのプロセスを自然に実行することができる。誰でも自律型学習者になれるノートなので「魔法のノート」って呼んでいるんだ。

このノートのフレームに沿って授業を受けると、「問い」を作ることはもちろん、自分が学んだことが確実に身についてくる。教科にかかわらずすべての学びに利用できる応用可能なフレームだから、このノート作りを毎日の勉強のベースにしてほしい。また、こんなノートの取り方は先生も教えてくれないだろうし、クラスの誰もやっていないだろうから、ぜひキミが率先して「魔法のノート」で一足先に自律型学習者になり、みんなを引っ張っていってほしい。

ボクも中高生時代、「英語のノート」の書き方について先生から言われたのは、

「ノートの左側に、教科書の英文を写しなさい」

「ノートの右側には、日本語訳を書きなさい」

「新出単語のリストを作りなさい」

といったことだ。今でも、こういうノートの書き方を指示する先生はたくさんいるし、大半の生徒もこれが正しいと思っているだろう。

でもこの書き方は、英文を理解する上ではある程度役に立つけれど、単に英単語や英文の意味の理解で終わってしまいかねない。つまり、表面的な情報でしかないから、別のシーンに応用できるほど深い理解にはなっていないんだ。

また、英文を写すには時間がかかるし、さらにそれを日本語に訳す作業は結構面倒で手間もかかる。クラス全員が同じ理解度で進んでいけるならいいかもしれないが、すでに英文の意図を英語で理解しているような生徒がいたら、「英文を日本語に置き換えるなんて非効率きわまりない作業」だと思うだろう。

その点、「魔法のノート」は全く違う。英語の理解度がバラバラでも、誰もが

自分のペースですすめられ、理解度がグングン伸びるスグレものなんだ。

では、基本的な書き方から説明しよう。ちなみに、ここではボクの専門である英語で説明するけれど、このノートはどの教科にも使えるものだ。まずは、ノートを開いて、2ページ分のスペースを4分割してほしい。そして、次の手順でまとめていってほしい。

1. 左ページの上にレッスン番号や章のタイトルを書き、その下に「**My Question（私の問い）**」と書く。このスペースには、授業中に思い浮かべた「問い」をそのまま書き込むので、最初は空欄のままでいい
2. 左ページ下の「**Story Mapping（わかったことの図解）**」には、理解したことをビジュアルでわかるように絵や図で表す
3. 右ページ上の「**Summary（言葉で要約）**」は、わかったことを英文でまとめるスペース。授業で取り上げた物語や場面について、英文で書いていく
4. 右ページ下の「**My Opinion（私の意見）**」には、授業中に書き出した最初の「My Question」に対する自分の考えを書く

「魔法のノート」の基本フレーム

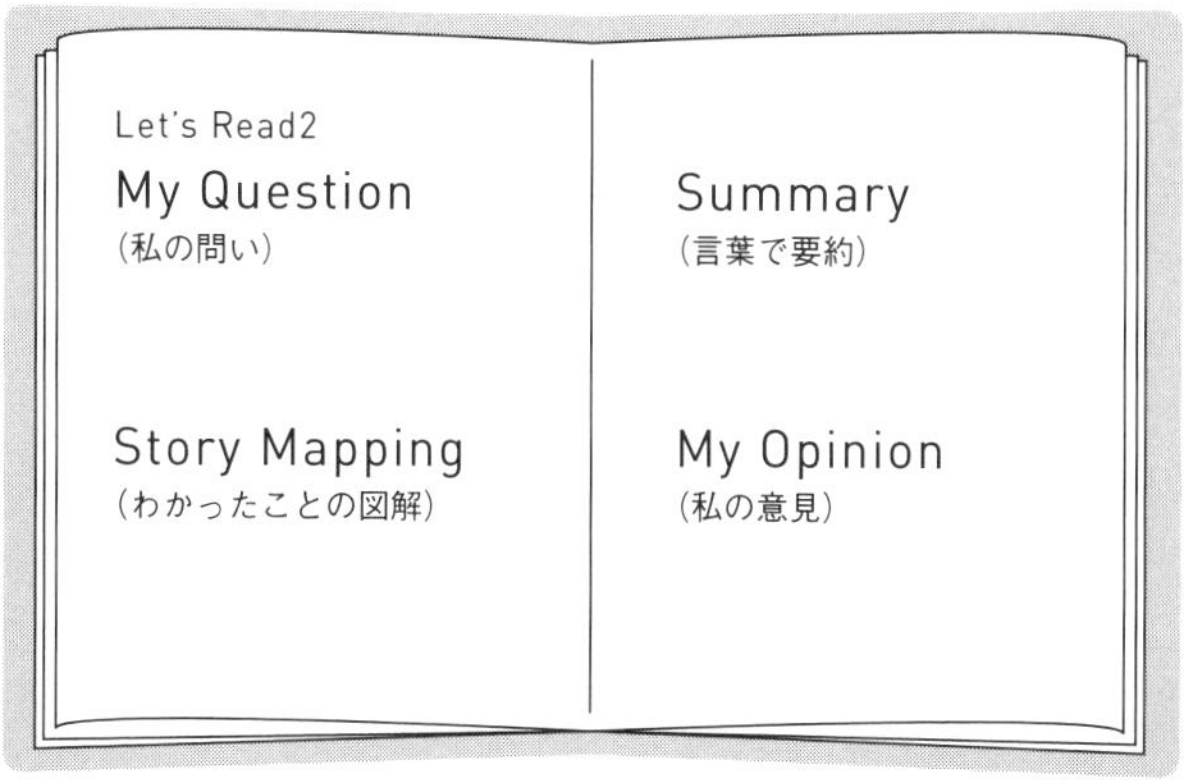

このノートを使うと、次のことが自然にできるようになるんだ。

- **「問い」を考えながら授業を受けられる（My Question）**
- **わかったことを絵や図でまとめられる（Story Mapping）**
- **わかったことを言葉で説明できる（Summary）**
- **「問い」に対する自分の意見を持てる（My Opinion）**

本当にそうだろうか？

ここからは、4つの項目それぞれにつ

いて、細かく見ていこう。

この章の冒頭でも述べたように、「問い」を作れば、それに答えることが勉強の1つの目標になる。だから、常に「問い」を意識しながら学ぶことが自律型学習者への道なんだ。授業では、次の視点で考えると「問い」を作りやすいと思う。

1. 教科書の内容についての「問い」

①Yes/No Question（Yes/Noで答えられる「閉じた問い」）

②WH-Question（When「いつ」、Where「どこで」、Who「誰が」、What「何を」、Why「なぜ」、How「どうやって」による答えが1つしかない「閉じた問い」）

③Open-ended Question（答えが1つとはかぎらない「開かれた問い」）

2. 単語の意味や文法など、英語の知識を問う「問い」

「○○の意味は何ですか?」「現在完了にはどんな意味がありますか?」といった英語そのものについての「問い」

これらの「問い」に加えて、授業中にひらめいた問いもどんどん書き出していくといい。すると、その中から「本当にそうだろうか？」と疑いたくなる「問い」が生まれてくるはず。それについて「本当はこうなんじゃないか？」と仮説を立てて調べることで、納得のいく答えにたどり着けるんだ。

こうした「疑う問い」が**クリティカル・シンキング（批判的思考）**と呼ばれるもの。「批判的思考」というと、単に反対したり否定したりすることを連想しがちだけど、本来は「**情報や自分の思考過程を鵜呑みにせず、じっくり考えて論拠を持った上で最適解を出していく**」という、とてもポジティブな考え方なんだ。

じつは「クリティカル・シンキング」のスキルはリアルな社会でも重要視されていて、２０１６年の「ダボス会議（世界経済フォーラムが毎年1月にスイスのダボスで開催する年次総会）」で発表された「２０２０年に必要なビジネススキルランキングトップ10」の第2位になっているんだ。

ちなみに1位は「複雑な問題解決力（Complex Problem Solving）」で、3位は「創造力（Creativity）」。

このベスト3を見るだけでも、やはり、世界規模でリアルな社会が求めるものと今の日本の学校教育で学ぶものとがかけ離れていると思うだろう？　実際、キミがいままで受けた教育を振り返ってみて、「批判的思考」や「複雑な問題解決力」が身についていると言えるだろうか？

クリティカル・シンキングは、社会人にとっても重要なスキルだ。それが、実際に社会の中でどれほど必要とされているかは、お父さんやお母さんに聞いてみるといい。仕事のいろいろなシーンでの事例をあげながら教えてくれるはずだ。

わかったことを図解する

Story Mapping（学んだことの図解）は、学んだことを言葉以外の表現でまとめるスペース。イラストでも図表でもかまわない。やり方はキミの自由だ。

絵が上手くなくたっていい。人間は棒で描いたっていい。ただし、自分さえわかればいいのではなく、わかった内容を誰かに伝えることを意識してほしい。他

シンプルだけどわかりやすいStory Mapping例

者を意識することで、「わかりやすく描こう」という意識が生まれるからね。

そして、関連する項目を線や矢印で結び、時間軸、原因と結果、並列関係、抽象と具体、事実と意見、意見と理由などがわかるように工夫するんだ。とくに決まったパターンはないから、自由に描いてほしい。

上の写真は、中学1年の女子が描いたStory Mappingだ。HiroとBenが電話で話していて、Benが天体望遠鏡で星空を見ていることを知ったHiroがBenの家に行こうとしている様子がわかる。

ちなみに、文字は付箋に書いておくと

取り外しができるので便利だ。取り外した付箋を別ページに整理して貼ると、単語集や表現集にもなるしね。

学んだことを絵や図で表すデザイン力は社会でも役に立つと思う。商品やアイデアを誰かにわかりやすく伝えるために、デザインしていく感覚で楽しみながら描いて欲しい。

わかったことを言葉で要約する

Summary（言葉で要約）のポイントは、5W1H（いつ、どこで、誰が、何を、なぜ、どのようにしたか）を時間軸でまとめることだ。

とくに、意見や説明文を要約する場合は、以下の3つのことに気をつけよう。これは、最後のMy Opinion（私の意見）を書く際にも役立つよ。

One Paragraph One Idea

教科書の1つのパラグラフ（段落）には「1つの出来事」「1つの言いたいこと」が書かれているから、それを見つければいい。

OREOの構造を理解する

教科書の文章、とくに英語の教科書では、

O（Opinion：言いたいことは何だろう？）

R（Reason：理由は何だろう？）

E（Example/Experience/Evidence：事例や経験や証拠は何だろう？）

O（Opinion：全体を通して作者がいちばん伝えたいことは何だろう？）


といった文章構成になっていることが多いから、それぞれの頭文字でOREO（オレオ）と覚えて、それぞれの要素をチェックしながら読むとまとめやすい。

この4つの中で一番重要な要素は、O（Opinion）なんだ。だから、最初にOを抜き出してからRやEをチェックすると、情報の優先順位をつけることができる。また、OREOは文章を書くときにも役立つ。4つの要素を頭に置きながら書いた文章は、読む人にとってもわかりやすいものになるはずだ。

長い文を短くする

長い文を短くするときは、単純に「主語」と「述語」を抜き出す。もし、その中に具体的な言葉が並んでいたら、一般化してしまえばいい。例えば「私はリンゴやミカン、メロン、バナナ……が好きです」という文章は「私はフルーツが好き」としてしまえば、ぐっと短くなる。これを「**一般化**」と言うんだ。

自分の意見をまとめる

My Opinion（私の意見）には、最初に立てた「My Question（私の問い）」に対する答えを書くんだけど、これもＯＲＥＯの4要素でまとめるといい。

例えば、「スマホは学校で許されるべきか？」という問いに対しては、次のような感じで書くといい。

O「許されるべきだと思う。スマホは生徒が学ぶのに役に立つ」
R「生徒は何かを調べたり、音声を聞いたりするのにスマホを使えるから」
E「情報を探すのに検索サイトを使ったり、英語を聞いたりする」
O「スマホは学校で許されるべきだ。なぜなら生徒が学ぶのに役立つからだ」

どうだろう？　このフレームを使うと誰でもわかりやすく意見をまとめることができるんだ。

「魔法のノート」はどの教科にも使える

「魔法のノート」は英語に限らず、どの教科でも使えるよ。
例えば、物理や化学などの理系科目は実験や観察が多いけれど、英語と同じく次のようにやれば、「魔法のノート」が作れるだろう。

1．先生の問いかけや浮かんだ疑問を「My Question（私の問い）」に書く
2．実験や観察の様子をStory Mapping（わかったことの図解）に描く
3．実験の方法や経過、結果を「Summary（言葉で要約）」にまとめる
4．最後に、「My Question」の答えを「My Opinion（私の意見）」に書く

もし、先生が一方的に講義する授業であっても、授業中にこのフレームでノートをとることで、能動的に授業を聞けるようになる。その授業についてのノート作りだから怒る先生はいないだろう。

授業中にフレームができてしまえば、家では「知りたい」ことを調べる時間に集中できる。先生の話をボーッと聞いていたり、居眠りしていたら、時間のムダになってしまう。

「魔法のノート」のフレームを手にしたキミは、つまらない授業も先生のせいにしなくなるだろう。「面白い」「面白くない」は自分で作れるんだ。

「魔法のノート」をアウトプットする

最後に大切なのは、「魔法のノート」に書いたことを誰かに説明すること。つまり、「学び」はアウトプットをして初めて身につくんだ。

ボクの授業では、毎回のレッスンのゴールが自分の「魔法のノート」をクラスメートや先生に説明することなので、生徒は第三者に説明することを意識して学んでいくことになる。

でも、そういう授業はなかなかないだろうから、友だちや家族を相手に説明してみてほしい。

一生懸命描いた「Story Mapping（わかったことの図解）」を親に褒められたり、友だちに「My Question（私の問い）」に共感してもらったりすることでモチベーションが上がり、「魔法のノート」作りはより楽しいものになると思う。

親に見せるのは恥ずかしいかもしれないけれど、じつは親にとってもいい学び直しになるし、親との自然なコミュニケーションのきっかけにもなる。「子どものアウトプットを受け取る」ことは、親にも大きなメリットがあることを知っておいてほしい。

スマホで「魔法のノート」を共有する

スマホを活用しながら勉強することを「スマ勉」と言うようだけど、「スマホ世代」と呼ばれる今の中高生は、勉強のわからないことはスマホで解決するのが一般的になっている。それなら、スマ勉を「魔法のノート」の活用に取り入れたほうが、キミもやりやすいだろう。具体的には、「魔法のノート」の写真をメールやＬＩＮＥで送るというアウトプット方法だ。さらには、もっと広く日本中の中高生と共有することができれば、よりモチベーションが上がると思う。

キミは「Clear（クリアhttps://www.clearnotebooks.com/）」という〝学習ノート共有アプリ〟を知っているかい？

これは、自分のノートをスマホで撮影して投稿する、国内外で220万人以上が利用しているアプリだ（PCでも利用できる）。うまくまとまっているノートはランキングで上位に上がるので、まとめ方の参考にするのには非常に効率がいい。検索機能も充実していて、全国の小中高大学生のノートを教科別に検索できるから項目を見つけやすい。

入試問題の「過去問」を解いたノートも投稿されているので、試験勉強や入試対策にも使える。また、学習項目がタグで分類されているから、同じことを学んでいる人のノートを見ることで、一人ではなく協働して学んでいるような感じにもなるんだ。

さらに、Clearのいいところは、「Q&A」の機能を使ってわからないことを220万人以上の学習者に質問できることだ。同じところでつまずいたであろう全国の学習者から回答をもらえることで、理解までのプロセスがスピーディになることも多い。

また、コメント欄にメッセージを残すこともできる。知らない人からでも、「うまくまとめてあるなあ」「参考にします」といったメッセージをもらえれば嬉しいし、「もっといいノートを作ろう」という気にもなるだろう。

こうやって、お互いの得意分野を生かしながら、学校や学年を超えて学び合うことができるんだ。この感覚は、顔見知りの友だち同士でつながっているメールやＬＩＮＥよりダイナミックだよね。

スマホは、受け身で使っている分にはそれほど生産性は高くないけれど、自分から発信することで能動的な使い方ができる。スマホはあくまでも「手段」だから、キミもスマホに支配されるのではなく、Clearのような自分の成長に役立つアプリを活用しながら、スマホとうまく付き合ってほしい。

「魔法のノート」が先生を変える

ボクが、教師向けの講演などで「魔法のノート」を紹介すると、どの先生も強い関心を示すんだ。

先生たちは日々「どうすれば生徒が自主的に勉強するようになるか？」を考えているので、その1つの手段として「魔法のノート」が役に立ちそうだと察してくれるんだと思う。

なので、キミも「じつはボク、こんなノートを作っているんです」と先生に見せてほしい。先生が指示するノートの書き方もあるかもしれないけれど、生徒に自律して学んで欲しいと願っている先生なら、けっしてキミの「魔法のノート」を否定しないはずだ。

もしノートを見せるのに抵抗があれば、「My Question（私の問い）」をたくさん先生に投げかければいい。たとえ一方的に解説する授業をしている先生だとしても、キミの質問から先生との対話が生まれるはず。

先生って、意外と生徒の疑問に気づかないものだから、キミが質問することで先生の新しい気づきになり、「へえ、そういうところがわかりにくいんだ。じゃあ、次の授業で説明しようか」となって、授業自体も変わっていくはずだ。

付箋を使って学びの手段を広げる

　ここからは、「魔法のノート」と並行して使える「学びを広げる手段」をいくつか紹介していこうと思う。これらは、実践しなければならないというわけではなく、必要に応じて利用していくと考えてほしい。

　「魔法のノート」も含めて学び方は無数にあるから、自分に合った学び方を見つけることが大切なんだ。そのためには、たくさんの学び方を試してほしい。やってみて「いいいな」と思ったものは継続して利用し、自分のものにしてしまえばいいいんだ。

　まず紹介するのは、ボクの授業でも取り入れている付箋を使った4つの方法だ。

・出合った言葉を「見える化」する――辞書の使い方

・学びの理解度を「見える化」する――単語集や参考書の使い方

・学びのレベルを「見える化」する――KWLD表での思考の整理法

・**やるべきことを「見える化」する——ToDoリスト**

付箋は、思いついたことを書きとめておいて、貼ったり、はがしたり、移動させたりして思考を整理するのにとても便利なツールだ。ここに紹介する方法以外にも、ユニークな付箋の使い方を考えてほしい。

出合った言葉を「見える化」する

自主的に学び続ける秘訣の1つは、学びを「見える化」することだ。その点、「魔法のノート」は学びの過程を「見える化」できているから、ノートが完成した時にはそれなりの達成感があるはずだ。

突然だけど、君は「辞書」を持っているかい？

一般的な中高生なら国語辞典、漢和辞典、英和辞典、和英辞典くらいは持っているだろうし、英語の授業中には、机の上に英和辞典を置いていると思う。

ところが、他校の中学生の研究授業を参観すると、自分の辞書を持っている生徒が少ないことに驚かされるんだ。担当の先生にその理由を聞くと、「辞書は他の教材に比べて値段が高く、生徒全員に強制的に購入させることをためらう先生がいる」ということだった。

でも、辞書を使いこなせるようになるのは、自律型学習者への第一歩。「辞書という一生使える学びの手段を中学生の時に手に入れられる」と考えれば、安い買い物だと思うけどね。

で、左ページの写真は、ボクの教え子の英和辞典だ。調べた単語（はじめて出合った言葉）があるページに付箋を貼っていくんだけど、彼は中学1年の3学期の時点で付箋の数が２０００枚を超えていた。つまり、付箋の数だけ英単語を学んだということで、彼は２０００語と出合ってきたわけだ。

辞書は分厚くなるけれど、出合った単語の数が確実に「見える化」される。

学んだ英単語の数が付箋で「見える化」される

じつはこの「調べた単語に付箋を貼る」というのは、深谷圭助先生（中部大学現代教育学部教授）が提唱する「辞書引き学習法」なんだ。深谷先生は著書（『7歳から「辞書」を引いて頭をきたえる』すばる舎）の中で次のように述べている。

「一冊の辞書を入口として、自分で『答え』を探す面白さを知ると、子どもたちは片時も辞書を放さず、自分の興味・関心のおもむくままに、たくましく学び始めます」

やり方は、いたってシンプルで、次の三段階で進める。

1. **調べて理解した単語を付箋に書き出す**
2. **調べた単語が載っているページに付箋を貼る**
3. **残った付箋の上部に次の番号を書き、順番が分かるようにする**

付箋に単語を書いておくのは、万が一、付箋が外れてもすぐに元の場所（単語）に貼り直せるようにするため。初めての人でも、一度やって20枚以上の付箋を貼ると、その見映えに達成感を覚える。

すると、次は50枚、１００枚と、カードのポイントを貯めるのと同じ感覚で付箋が増えていくのが楽しくなるんだ。「知識のポイント」が貯まるようなものだ。

コンビニでもスーパーの文具コーナーでも色とりどりの付箋が市販されているから、お気に入りの付箋を準備しよう。

付箋には単語を書き入れるので、文字が書けるくらいの幅のものがお勧め。半透明の付箋なら下の辞書の字も見えるから便利だ。

はみ出した付箋の英単語から復習すれば効率的

学びの理解度を付箋で「見える化」する

今度は、単語集を使った事例を紹介しよう。

上の写真は、『速読英単語』（Z会）を使っているボクの教え子のもの。意味やスペルを覚えきれていない単語のところに付箋をページからはみ出すように貼るんだ。この場合、付箋に単語を書き込む必要がないので、幅が細い半透明のものがお勧め。

単語を覚えられたら、付箋を引っ込めて貼り直す。つまり、付箋がページからはみ出しているのは、理解が不十分な単語。はみ出していないのは、「以前は分からなかったけど、理解できるようになった」単語だ。そして、また分からなくなったら、もう一度ページからはみ出して貼り直す。こうすると、自分の学びの理解度が一目瞭然だよね。

テストの直前には、はみ出した付箋の単語を集中的に見直せばいいし、時間があれば引っ込めた付箋の単語もチェックすれば、効率的だ。

以上、辞書と単語集を使った付箋の使い方を紹介したけれど、こうした学びの「見える化」は、君のモチベーションを維持するだけでなく、学習の効率化にもつながる。

ぜひ、教科書や参考書でもやってみてほしい。

学びのレベルを付箋で「見える化」する

「すでに知っていること」「これから知りたいこと」を整理しながら主体的に理

解するための思考の整理法に「KWL表」というものがある。授業を受ける時、自主勉強をする時、本を読む時など、新しい学びを得る際に絶大な効果を発揮する整理法だ。

KはWhat I know?「知っていることは何？」
WはWhat I want to know?「知りたいことは何？」
LはWhat I learned?「知ったことは何？」

やり方は簡単で、ノート（あるいは白い紙）の1ページに2本の線を引いて3分割し、それぞれの冒頭に「K」「W」「L」と書き、次のような手順で書き込んでいくんだ。タテに3分割でも、横に3分割でも、かまわない。

1. これから学ぶことについて「K」欄に「すでに知っていること」を書く

箇条書きでいいけれど、数は多ければ多いほどいい。この欄を埋めることによって、学習後の自分がどれほど変わったかを実感することができる。

2.「W」欄に「その学びについて知りたいこと」を書く

ここも数が多いほどいいし、どんな些細《ささい》なことでもいい。すると、学ぶ目的ができる。この状態で学び始めると、余計な情報がカットされ「知りたいこと」だけが頭に入ってくる。

3.勉強が終わったら「L」欄に「今回はじめて知ったこと」を書く

この三要素で整理すると、勉強する前と後で、自分の知識がどれほど増えたかが「見える化」されるというわけだ。学校の授業なら、予習時に「K」と「W」を、復習時には「L」を書き出すことが基本になるけれど、ボクはさらに「D」を加えて、学びを行動に移すことを勧めている。

DはWhat I want to do?「やりたいことは何?」

ノート(白い紙でもいい)を4分割して「K」「W」「L」「D」それぞれの欄に、以下のテーマで書いた付箋を貼り付けるんだ。

K　授業の内容から「すでに知っていること」

W　授業を通して「知りたいこと」

L　授業を終えて「学んだこと」

D　「KWL」を通じて思った「さらに学びたいこと」や「行動したいこと」

「D」を書くことで学びが次の行動につながれば、「体で覚える」ことができる。

ただ、KWLD表の作成は授業や読書のたびに毎回やる必要はない。キミだって、授業中は「魔法のノート」も作らなきゃならないし、その上、予習時・復習時にKWLD表まで作るのは大変だろう。

だから、これは「問い」を作るのに行き詰まった時に気軽にやるといい。目的は、「知っていること」と「知りたいこと」を明確に意識することで、自分の学びのレベルを「見える化」することなんだから。

「魔法のノート」の「My Question（私の問い）」がなかなか浮かばない時にKWLD表を作ってみると、「W（知りたいこと）」から「問い」が生まれてくるよ。

例えば、第二次世界大戦を「KWLD法」でまとめると…

K
知っていることは何?

- ドイツはポーランドに攻め込んだ
- 戦いはヨーロッパから始まった
- 日本はハワイの真珠湾を攻撃した
- 日本は原子爆弾を投下された

L
知ったことは何?

- ファシズム諸国家が国内問題を他国への侵略で解決しようとした
- 日本は日独伊三国同盟を結んだ
- 開戦後、日本は香港、シンガポール、フィリピンなどを占領した
- ポツダム宣言で日本は降伏した

W
知りたいことは何?

- 戦争が始まったきっかけは何?
- 日本はどこの国と同盟を結んだのか?
- 日本はどこの国と戦ったのか?
- そもそも日本に勝算はあったのか?

D
やりたいことは何?

- 第一次世界大戦との比較
- 原爆の被害を調べる
- 平和な世界を作るための取り組み

やるべきことをToDoリストで「見える化」する

ところで、キミは「計画を立てる」ことが好きかい？

中間・期末考査に向けた勉強計画とか、夏休みの計画とかいろいろあるけれど、ひょっとしたら「計画なんて面倒だ」と思っているかな？　あるいは、計画を立てること自体がいやになっているかな？

だとしたら、それはおそらく毎回、先生から「計画を立てなさい」と言われてしぶしぶ計画を立て、いやいや先生に見せるのが習慣化しているからだろう。

でも本来、計画というのは自分のためのものであって、先生に見せる必要なんかないんだ。だから、先生に言われてではなく、自分の計画は自分で立てるようにしよう。自分で計画を立てるということは、自分で未来を創っていく作業なんだから、言われてやるよりずっとワクワクするはずだ。

社会人になると、複数の仕事を並行して進めるのはふつうだ。そんな時、働くお父さんやお母さんは、まずそれぞれの仕事に締切を設定し、そこから逆算して計画を立て、さらに細分化したものに優先順位をつけながら「やるべきこと」を手帳に書き出したり、「忘れちゃいけないこと」を付箋に書き込んでいつでも目につくところに貼ったりしているはずだ。

ボクだって、授業の準備をしたり、期末考査の問題を作ったり、部活の指導をしたり、会議に出たり……と毎日やることが山のようにある。もちろん、プライベートでの用事もたくさんあって、それらを1つひとつ片づけていかなくてはならないから、付箋に書き込んでパソコンの端に貼り、忘れないようにしている。

このような「やるべきこと」を「ToDo」と言って、リアルな社会では、仕事をスムーズに進める上で「ToDoリスト」作りは基本スキルになっている。

では、どうやってたくさんのToDoを管理すればいいんだろう？　たくさんのToDoを記憶だけで管理し、片づけていくのは難しい。記憶だけに頼ると、うっかり忘れて、大きな失敗につながることもある。

そこで必要になってくるのが、ToDoを「見える化」すること。具体的には、複数のToDoを一覧できるように整理するんだ。つまり、「勉強のToDoリスト」

を作るということだね。

学校でよく配られる「定期考査計画表」の多くは、日付と勉強する内容を記入する形だ。たしかに、これもToDoリストの1つだけど、例えば、○月○日の欄に、「数学P15〜20」と予定を書いたとしても、実行できないこともある。本当はここで、計画を修正すればいいけれど、一度書き込んだ計画の修正は難しい。そこで、計画を簡単に修正できるグッズが付箋なんだ。

やるべきことを付箋に書いてどんどん貼るだけだから手軽だし、実行したものから剥がしていけば、学びの過程を「見える化」できる。

これは基本的な「ToDoリスト」の作り方だけど、唯一の欠点は、リストに並んだそれぞれのToDoの優先順位がわからないこと。急ぎの用事や大切な約束をすっぽかしてしまう危険性がある。

そこで、「やるべきこと」がパッと見てわかり、かつそれがどのくらいの「重要度」や「緊急度」があるのかもわかる「勉強のToDoリスト」の作り方を紹介したい。具体例は次の図にあるようなものだ。

1.「やるべきこと」を「1枚1ToDo」で付箋にどんどん書いていく
2. ノート（あるいは白い紙）にタテ横1本ずつ線を引いて4分割する
3. タテ線は上に行くほど「緊急度が高い」、横線は右に行くほど「重要度が高い」とする。すると、左上から時計回りに「重要ではないが緊急」→「緊急で重要」→「緊急ではないが重要」→「緊急でも重要でもない」という4つのスペースができる
4.「1」で書き出したToDoの付箋を、1枚ずつ吟味しながら、「3」で作った4つのスペースに貼っていく

例えば、「魔法のノート」作りのような毎日やることは締め切りがあるわけではないので、「魔法のノート作り」と書いた付箋を右下の「緊急ではないが重要」のスペースに貼ることになる。

また、定期考査や確認テストなど試験対策の勉強は、試験の1か月前なら「緊急ではないが重要」スペースに貼っていても、1週間前になれば「緊急で重要」スペースに移動させることになるだろう。

重要度・緊急度に応じて付箋を4か所に貼り分ける

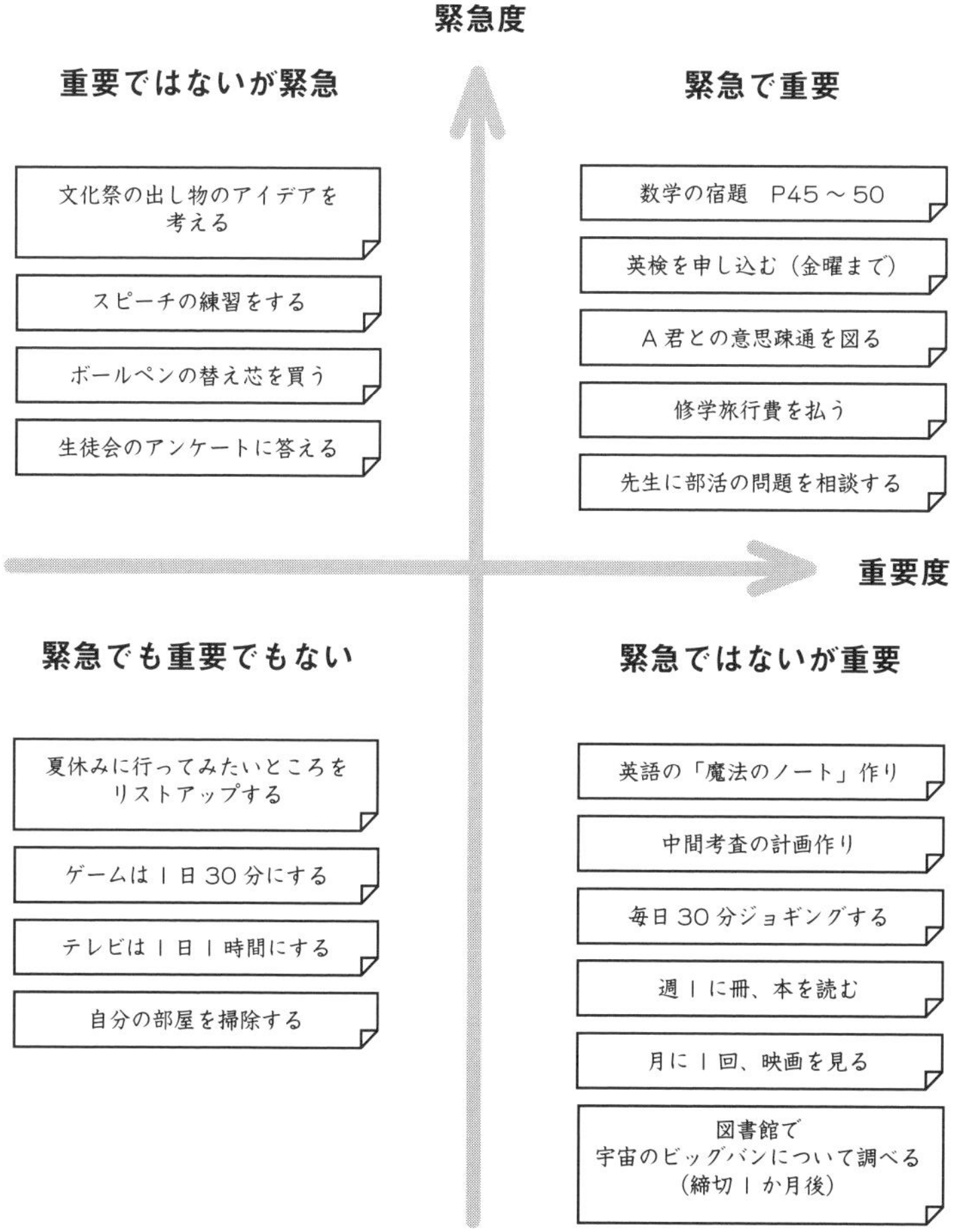
緊急度
重要度
重要ではないが緊急
文化祭の出し物のアイデアを考える
スピーチの練習をする
ボールペンの替え芯を買う
生徒会のアンケートに答える
緊急で重要
数学の宿題　P45～50
英検を申し込む（金曜まで）
A君との意思疎通を図る
修学旅行費を払う
先生に部活の問題を相談する
緊急でも重要でもない
夏休みに行ってみたいところをリストアップする
ゲームは1日30分にする
テレビは1日1時間にする
自分の部屋を掃除する
緊急ではないが重要
英語の「魔法のノート」作り
中間考査の計画作り
毎日30分ジョギングする
週1に冊、本を読む
月に1回、映画を見る
図書館で宇宙のビッグバンについて調べる（締切1か月後）

大切なのは、「ToDo」に優先順位をつけること。毎日時間を決めて、一覧表に貼った付箋を移動させたり、新しい付箋を加えたり、完了したToDoの付箋を外したりして、整理するといい。

Chapter

4

自律して学び続ける方法

4つのマインドセット

キミが「問い」を作る面白さを覚え、「魔法のノート」作りも楽しくなり、付箋を使って勉強の進捗状況や「やるべきこと」が「見える化」できるようになったとしても、それを1年、2年と続けていくためには、「マインドセット」が必要になると思う。

ここで言う「マインドセット」というのは、何があってもブレない精神的な支柱のことで、勉強の途中で悩んだ時に立ち返る「心の支え」だと思ってほしい。

つまり、「毎日問い作りをしているけれど、思うように成績が伸びない」「魔法のノートって本当に効果があるのかな?」といった不安や心配が起こった時に思い出してほしい考え方なんだ。

キミが「自律型学習者」になるための努力を続けるには、次の4つのマインドセットが必要になる。

・**Forgiveの精神**
・**プラスマイナスの精神**
・**１００回の法則**
・**習慣を変えるwith**

この４つのマインドセットは、ボクが問題にぶつかった時もそうだけど、生徒たちが迷っているのが見えた時は、いつもここに戻るように指導しているんだ。「自律した学び」の先にこそ「自律した生き方」があるのだから。

自分を許す「Forgive の精神」

Forgiveは「許す」という意味の英語だ。

そもそも、キミたちは一人ひとり違ったスピードで成長しているから、成長の度合いは人それぞれ「違っていい」はず。ところが、われわれは年齢によって「できるはずのこと」「できないこと」について多くの思い込みにとらわれがちだ。

例えば、算数の九九が小学校高学年になっても怪しい子がいるとしたら、この子は勉強ができない子だろうか？　もしそう考えるなら、それは「九九は小学校2年生で覚えるもの」という思い込みにとらわれているからだ。

じつは、この「思い込み」を作っているのが学習指導要領。

学習指導要領は、日本のどの地域でも同質の教育ができるように文科省が作っているもので、学年ごとに教師が教えるべき内容が示されている。

もちろんそれは素晴らしいことなんだけど、見方を変えれば、教える側の都合で作られているとも言えるんだ。だって、一人ひとりの成長スピードの違いを考えたら、何をどの学年で学ぶかはもっと自由であるべきだし、理解度によっては、やり直す機会を持てることが当たり前になってほしい。

そんな学習指導要領的な思い込みから解放されるには、時間の概念をリセットする必要がある。例えば、哲学者の内山節さんが提唱する概念に「**直線の時間**」

と**「円環の（循環する）時間」**というものがある。

「直線の時間」は都会での時間。誰もが時間に追われて1日が過ぎ、変化に富んだ社会の中で常に成長が求められる。そんな後戻りができない、失敗が許されない時間のことだ。

一方、「円環の（循環する）時間」は農村の時間。自然の中で田植えから収穫まで四季が巡り、子どもたちは大人の生活を間近で感じ、1年が循環していることを感じる。つまり、「円環の（循環する）時間」は戻ることができる時間なんだ。

今の学校には、時間に支配された「直線の時間」が流れている。

中間考査や期末考査があり、その間にいろいろな行事が詰め込まれている。試験で悪い点を取ると形式的な追試や課題が出され、「できる、できない」にかかわらず次のテストに向かって授業は進んでいく。

こうした、時間に支配された「直線の時間」が流れる学校では、「できる生徒」と「できない生徒」を生み出す。決められた時間で決められた範囲の問題を解かなければならないので、時間内で終わらなければ「できない生徒」という烙印《らくいん》を押されることになる。

ある中間考査の問題が、生徒Aにとっては簡単すぎ、生徒Bにとっては難しすぎるといったことも当然起こる。それでも、試験の点数が悪かった生徒Bの習得に費やされるべき時間は置き去りにされ、一律に落ちこぼれてしまうんだ。


これに関わるボクの経験を紹介しよう。

ボクは小学2年生の時、病気で2か月入院したんだけど、この頃、算数の授業で行われていたのが九九の暗記。ボクが退院した頃には、教室の壁には九九の掛け算表が貼られ、各人の覚えた欄にはステッカーが貼られていた。そこにボクの欄だけステッカーがしばらくなくて悔しかったことを、今でも強烈に覚えている。

これをきっかけに、ボクは「算数が苦手だ」と思い込んでしまった。だからその後、テストでどんなにいい点をとっても、「何かの間違いだ」「まぐれに決まっている」と思っていたんだ。いま思うと、この経験が、中高生になってボクが理数系の教科から遠ざかる原因になったのかもしれない。

だから、ボクは「**学校は時間に支配されるべきではない**」と思っている。「できる、できない」を表にして貼り出す必要はない。一人ひとりの学びのスピードは違っていいんだ。よく「大学生になっても分数の計算ができない」と嘆く人がいるけど、ボクは何歳であってもできないことがあれば、「できるようになる可能性がある」ととらえるべきだと思う。年齢を問わずいつでも学び直せるんだ。

キミも、**自分の学びの流れを「直線の時間」でなく「円環の（循環する）時間」にするようにしてほしい**。

例えば、キミも試験が終われば、平均点や友だちの点数が気になると思う。そして、きっと自分の点数と比べてしまうだろう。そんな時こそ、自分に目を向けてほしい。自分の学びの過程に目を向けてほしい。そして、たとえクラスメートより成績が悪かったとしても、「できない自分を許す」ことを覚えよう。

劇団四季の創設者である故浅利慶太氏は、あるとき演技がなかなか上達しない劇団員に次のように語ったそうだ。

「他人の時計と自分の時計は進み方が違う。他人の時計を見ると自分より早く進んでいたりして焦るものだ。だが、自分にできることは自分の時をしっかりと刻んでいくこと。今日という一日、今というこの瞬間を大切に時を刻んでいけば、必ず自分の目指す場所にたどり着くことができる。自分の時計を見つめてしっかりやりなさい」

人は誰もがそれぞれ自分の時計を持っている。それはけっして、他人と比較するものではないと思ってほしい。

可能性を活かす「プラスマイナスの精神」

たとえキミが「Forgive の精神」で常に自分を許していたとしても、許してばかりではいつまでたっても成長できないよね。いつかは立ち上がり、挑戦し、努力しなければ成長できない。

そこで必要になってくるのが「プラスマイナスの精神」だ。これは、自分ができなかったことを「可能性のマイナス」としてとらえ、それを「可能性のプラス」に転じさせようとする精神のこと。できなかったことは1つの可能性だけど、その可能性を活かさなければ成長にはつながらないんだ。

例えば、どんなに時間に厳しい人でも、つい寝坊して集合時間に遅れてしまい、みんなに迷惑をかけてしまうようなことはある。

そんな時は、遅刻を「可能性のマイナス」の出来事としてとらえるんだ。つまり、「遅刻しない行動ができる可能性を持ったマイナスの現状」という意味。そして、このマイナスをどうしたらプラスに転じさせられるかを考えて行動するんだ。

自分が遅刻したことでみんなの時間をムダにしてしまったので、その時間を取り戻すように効率的に作業に取り組むとか、残って作業したり、翌朝に早く来るといった行動が考えられる。

こうしてプラスとマイナスのバランスを取るのが、「プラスマイナスの精神」。

同じように、試験で思うようにできなかったことも「可能性のマイナス」ととらえればいい。例えば、君がもし100点満点のテストで20点しか取れなかったとしても、それは80点分の可能性があるということだ。間違えた80点はたしかにマイナスだけど、これをプラスに変えていくイメージを持って勉強するんだ。

先生や塾などに頼るだけの「依存型学習者」は、できなかった80点をただのマイナスととらえ、その原因を「先生の教え方が悪い」などと誰かのせいにしがちだけれど、自律型学習者は、マイナスをプラスに転じる方法を自分で手に入れようとする。けっして、先生や周囲のせいにはしないものだ。

できないことには必ず理由がある。「勉強をサボってしまった」「完璧に理解するにはもっと時間が必要だった」といったマイナスの事実に目を向け、次の行動でプラスに転化させるにはどうしたらいいか？　を考えて自分の行動をコントロールするのが自律型学習者なんだ。

マイナスとプラスのバランスを取ることは、他者と協働しながらも自律して生きていく上で大切なこと。リアルな社会で複数の仕事を同時にこなす時にも役立つ考え方だよ。

あきらめる前に挑戦する「100回の法則」

これは、何かを達成したい時、「あきらめる前に100回は挑戦してみよう」という心構えのことだ。

例えば、野球部員が毎日10回素振りをしてもあまり変化はなさそうだけど、100回の素振りを続けたら何かが変わりそうな気がしないかい？　同じように、サッカー部員が毎日リフティングを100回続けたらその後のプレイは大きく変化するだろうし、英語の勉強だって教科書を100回音読すれば、いくつかの英文や構文は簡単に覚えてしまうだろう。

このように、何かに行き詰まって身動きが取れない時、あれこれ考えずに「100」という数字をとりあえずの目標にして行動するんだ。「100」は頑張れば手の届く目標であり、クリアすることが成長のきっかけになる。

ボクが学校で取り組んでいる英語劇でも「100回読み」という練習方法がある。これは、自分の台詞《せりふ》を壁や鏡に向かって100回話しかけるというもの。たった1行の台詞でも、100回繰り返すのは容易じゃないけれど、実際に100回の繰り返しを達成した生徒たちは、自分の中で何かが変わっていくのを体感している。

授業でも、「英語が聞き取れない」「英単語が覚えられない」という悩みを訴える生徒たちには、音読や英語番組の視聴や辞書引きなどを「とりあえず100回やってごらん」と答えている。勉強の習慣がなかなか身につかない子には、「1日30分でいいから100日続けて机に向かってみよう」とアドバイスしている。

100回、100日と粘り強く続けることが自分の成長につながることを実感するのが「100回の法則」だ。だからキミも、何かを成し遂げたい時は、才能やセンスよりも、小さなことを粘り強く繰り返すことが大切なんだということとを覚えておいてほしいし、実感として知ってほしい。

副が主になる「習慣を変える with」

キミにも経験があると思うけれど、一度身についた習慣を変えるのは簡単なことではないだろう。

社会人で言うなら、毎晩お酒を飲んでいる人が禁酒したり、長年タバコを吸ってきた人が禁煙したりするのもかなり大変らしい。

キミたちの世代だと、勉強の習慣がなかなか身につかないことが大きな悩みになっている中高生は大勢いる。実際は、本人よりもむしろ親の悩みかもしれないけれど……。いずれにしても、「勉強しない習慣」を「勉強する習慣」に変えるには、勉強の時間を生み出す小さな工夫を積み重ねるのが一番有効だ。

環境微生物学の研究者で理科教育や大学教育にも熱心な元首都大学東京教授の

松浦克美先生は、「毎日、宿題をやる他に10分でもいいから〝自分のための勉強〟をする」ことを推奨している。

つまり、宿題のような「受け身の勉強」だけでなく、**自分で何をすればいいかを考えて、それについて10分でも勉強することが、自律した学習者になる一歩でもある**。

「やらされる勉強」から「やりたい勉強」へ移行すればいいんだ。

とはいえ、たとえ10分でも勉強することが難しい生徒がいることも確かだ。そんな子には、「好きなことをしている時に、必ず勉強道具を近くに置く」ことを勧めている。例えば、テレビを見ている時は脇に英語の教科書を置く、といったように。

withは「〜と一緒に」という意味の英語だから、この場合は「テレビを見るwith英語の教科書」となる。そして、「CMの間は教科書の〇ページを3回音読する」といったルールを決めてやってみるんだ。そうすれば、細切れではあるけれど、1分間とか3分間は勉強することになる。

テレビは、思いのほか惰性で見ていることが多いと思う。キミだって、番組の最初から最後までずっと面白がって見ているわけじゃないだろう？　だから、途切れ途切れでも教科書を開くことを続けていくと、しだいに「テレビを見る」主の行動より、「音読する」副の行動のほうが面白くなったりするものだ。

「副」の行動を徐々に「主」の行動に変えていくことで、習慣に変化を起こすのが「習慣を変えるwith」というマインドセットだ。

「スマホ with 勉強」を習慣化する

四六時中スマホを触っているようなスマホ依存の生徒も、「習慣を変えるwith」で少しずつ依存度を変化させることができる。前述の「テレビを見るwith 英語の教科書」と同じように、ＳＮＳやゲームの合間に「スマホ with 勉強」を習慣づければいいと思う。

その際、勉強の内容がＳＮＳやゲームと同じくらい面白ければ習慣づけのスピードは加速するはず。そこでお勧めしたいのが学習動画だ。

Ｐ73でも述べたけれど、実際、生徒の学び方を見ると、わからない項目についての動画をインターネットで検索し、解説動画を見て学ぶ子が増えている。

例えば、日本史で「鎌倉幕府成立」のころの時代背景についてよくわからなかった場合、インターネットで「日本史　鎌倉幕府　動画」と検索すると、いろいろな先生による15～30分の解説動画を見ることができる。中には全編アニメで構成されたものもあって、内容も千差万別だ。気に入った動画があれば、それで全体を通して見ると理解が早くなる。

もちろん、他の教科についても同じだ。ほぼすべての項目を網羅するような動画が配信されている。すごい時代になったものだ。

さらに言えば、世界の多くの大学では、講義を無料で公開している。

例えば、「アスカアカデミー（https://www.asuka-academy.com/）」のウェブサイトでは、マサチューセッツ工科大学（ＭＩＴ）やイエール大学など海外のトップ大学の講義動画や教育ビデオなどを無料で視聴することができる。

このサイトがお勧めなのは、音声だけでなく英語字幕も日本語字幕もついていること。英語が苦手でも、海外トップ大学の講義が聞けるし、英語そのものの勉強にもなる。もちろんキミたちが聞いても面白いけれど、社会人が教養を身につけたい時にも便利だ。

他にも、「○○の勉強法」や「英単語の覚え方」といったHow toの動画もかなりあるので、お気に入りの先生が見つかれば、紹介されたとおりの方法でやってみることで、勉強スキルも上がってくると思う。

このように「スマホで勉強する」ことも「習慣を変えるwith」の一つだ。もし勉強に行き詰まるようなことがあったら、こうした動画を検索してみてはどうだろう。

「イングリッシュセントラル」で英語を独習する

「スマホwith勉強」に関連して、ユニークな英語勉強法を紹介しよう。

英語は、何も特別な学校に行かなければ学べないわけではない。むしろボクは、「リアルな社会につながる英語の学び方」は自分で習得するほうが意義があると思っている。

そこでお勧めしたいのが「イングリッシュセントラル」というサイトだ。これは、1万4000本以上の動画を使って英語4技能を高めていくもので、アプリもある（https://ja.englishcentral.com/videos）。ふつうの日常生活で使われる英語で学べるので、シーンをイメージしやすいのが特徴なんだ。学び方のステップは次の4つ。

1．リアルな動画を見る

日常表現からニュースやビジネスまで、自分の興味とレベルにあった動画をPCやスマホで視聴できる。「初級」から「上級」まで7段階に分かれているから、自分のレベルに合わせた難易度の動画を見ればいい。理解が難しければ、それは成長のノビシロがあると思えばいい。わからない単語は、字幕をクリックすれば文脈に即した意味が確認できる。

2. さらに細かく学ぶ

単語の穴埋め問題にも挑戦できる。聞き取れなかった単語はスロー再生をすれば、少しずつ耳に慣らしていける。

3. 話す

動画のフレーズを声に出すことでスピーキングの基礎が作れる。音声認識システムが発音や流暢《りゅうちょう》さをリアルタイムで採点してくれるから、納得できるまで発音を向上させることができる。

4. リアルなコミュニケーション

有料会員（2019年2月現在、1か月あたり1917円から）になれば、オンライン英会話の講師と話すこともできる。動画で学んだ表現を実際に使うことで、リアルな英語のコミュニケーションが取れるようになるんだ。

スマホの使い方をコントロールする

世間では、学校や親がスマホの使い方のルールを作ったり、使用制限をかけたりすることがあると思うけど、自律型学習者を目指すキミなら、自分で考えて、使い方をコントロールできるようになりたいだろう？　そこで、iPhoneを例に、ＯＳが「ｉＯＳ12」以上のバージョンに搭載されている「スクリーンタイム」という機能を紹介しておこうと思う。

「設定」→「スクリーンタイム」をタップすると、スマホの利用時間が表示される。「ＳＮＳ」や「エンターテイメント」に何分使ったかがグラフで可視化されるから、少しずつ使っているつもりでもトータルでは数時間になっていることがわかる。まずは、１日のうち何に何時間、スマホを使っているかを把握しよう。

また、「休止時間」をタップすると「画面を見ない時間帯」を設定できる。その間は、アプリの通知（振動や画面内のポップアップ通知など）が来なくなるので、友だちからのメッセージやLINEなどに惑わされずに済む。「勉強に集中する時間」を「休止時間」に設定しよう。

次に「App使用時間の制限」を使えば、カテゴリ（分類）ごとに「1日あたり○分まで」といった利用時間の上限を設定することもできる。

ゲームやSNSを始めるとつい時間がたつのを忘れがちな人は、「休止時間」と組み合わせて利用時間も設定してしまえばいい。「ゲームは1日30分まで、SNSは60分まで」と設定すれば、上限時間の5分前になると「あと5分で上限時間だよ」と教えてくれる。さらに上限時間に達すると、砂時計表示になってアプリが停止する。これは曜日ごとに設定できるので、使い方にも強弱をつけられるんだ。

スマホの使い方をコントロールする力を身につけておけば、社会に出てからも役に立つ。電車の中でも、歩きながらでも、ずっとスマホを見ている大人をどう思う？　彼らはスマホ以外のことに時間を使うチャンスを失い、さまざまな可能性を潰していると言っても過言ではないだろう。

スマホが生活の一部になっているキミの世代だからこそ、自分で使い方をコントロールできるようになってほしい。親にあれこれ言われる前に、自分でルールを決めてしまおう。

「隙間時間with勉強」でモチベーションを上げる

また、通学の行き帰りや入浴の時間など、日常生活に欠かせない活動の中に勉強を組み入れることで、勉強のモチベーションを高めることもできる。

ちょっとした隙間時間を使って英単語や年代や固有名詞を覚えることで、理解が不十分な箇所や苦手な箇所を知って「もっと勉強しなければ……」というモチベーションにつながれば、しめたもの。

キミも電車やバスの中で、他の人が居眠りしたりスマホに夢中になったりしている中で、ひとり本を読んだり暗記に取り組んでいる学生や社会人を見たことがあるだろう？　あれがまさに「隙間時間with勉強」の姿だよ。

その他、まとめの意味も込めて、日常生活の中でできる「習慣を変えるwith」の例をいくつか紹介しよう。

・暗記したいプリントをクリアファイルに入れて入浴しながら音読する
・防水仕様のBluetoothスピーカーを持ち込み、英語を聞きながら入浴する
・パソコンやスマホを眺めている時に、ＢＧＭに英語の音声を流す
・好きな曲を1曲聴きながら、問題集の問題を1つ解く
・好きな音楽のメロディーにのせて、教科書を（歌いながら）読む

以上、４つのマインドセット（Forgiveの精神、プラスマイナスの精神、１００回の法則、習慣を変えるwith）を常に忘れないように、自律型学習者への道を歩んでほしい。

「自己実現理論」でモチベーションをキープする

ボクの授業では、時おり生徒たちがいつも以上に高いモチベーションで勉強に取り組む場面があるんだ。そんな時の彼らは、ワクワクしながら熱中し、先生がいてもいなくても積極的にどんどん学びを深めていく。

「それはどんな時か？」と言うと、具体的には以下のような場面だ。

1. **学びの目標・目的がはっきり見えている時**
2. **学びがリアルな社会とつながっていると感じる時**
3. **学びが誰かの役に立っている時**
4. **学ぶ空間が多様な意見を受け入れる安心安全な場になっている時**

ところがこれらは、すでに、心理学的にモチベーションを上げるために重要な要素として知られているんだ。

キミは初めて聞く言葉かもしれないけれど、マズローの「自己実現理論（欲求

5段階の欲求を満たしながら、なりたい自分になる

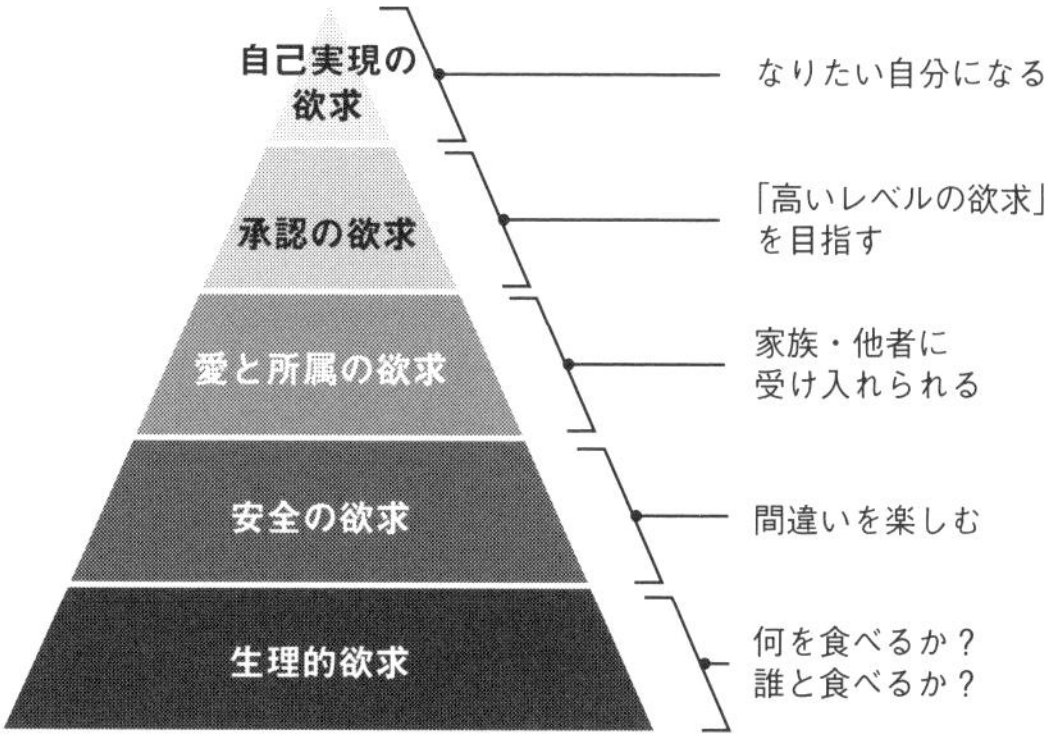

5段階説)」というものを紹介しよう。

これは、米国の心理学者アブラハム・マズロー(1908〜70)が、「人間は自己実現に向かって絶えず成長する」と仮定して、人間の欲求を5つの階層で理論化したもの。

つまり、上の図の最上位にある「自己実現の欲求」が「なりたい自分になる＝リアルな社会でハッピーに暮らしていくこと」だとしたら、キミは、そこに達するための努力をしながら「自分は今どの段階にいるか?」「どこまでの欲求は満たされているか?」を常に確認することが必要だ。

これが、「4つのマインドセット」に加

えて、キミのモチベーションをキープする方法でもあるんだ。

それでは、１つずつ説明していこう。

生理的欲求を満たす

これは、生命を維持するための本能的な欲求だ。

これが満たされていないとそこから上の欲求は生まれない。具体的には、食事・睡眠・排せつといったものだけど、その中でもとくに強調したいのは「食事」。「食事」を大切にすることで、学びのモチベーションをキープする土台を作ることができる。

「食事」は、主に家庭で満たされるものだと思うけれど、学校生活では昼ごはんを大切にしてほしい。キミもそうかもしれないけれど、最近の生徒はゆっくり昼ごはんを食べる時間がない。放課後の課外活動の時間を確保しなければならない分、昼休みの時間が圧迫されるのはわかるけれど、なるべく余裕をもって味わってほしいものだ。

また、「何を食べるか？」も重要だ。

給食がある学校なら栄養についても考慮されているからいいけれど、給食がない場合は自分で用意しなくてはならないし、栄養管理も必要だ。毎日のお弁当作りは親も大変だと思うけれど、コンビニ弁当よりはるかに満足感は高いので、親任せにせず自分でも協力しながら手作り弁当を食べることにこだわってほしい。

ボクも高校時代、母親が作ってくれた弁当を昼休みに食べるのがとても楽しみだった。心も満たされ、午後の授業も頑張れたのを覚えている。もしボクが「おふくろの味は何ですか？」と聞かれたら、間違いなく「お弁当」と答えるよ。

「誰と食べるか？」というのも大切だ。

昼食はクラスメートと食べるから問題ないが、家族で食事の時間を共有できる朝食と夕食はできればみんなで食べることが望ましい。

最近は、家族みんなの生活スタイルがバラバラになり、一人で朝食や夕食を食べざるをえない「孤食」の生徒も増えている。それでも、せめて週の何日かは家族全員で食卓を囲む時間を確保して、手作り料理を食べてほしい。これについては、ぜひ家族で話し合ってほしい。

ちなみに、「こども園（幼稚園）」から短大まである東京の新渡戸文化学園では、不定期ではあるけれど「親子レストラン」という親子で夕食が食べられる場を提供しているんだ。主にこども園や放課後の活動をしている子どもたちと、子どもを迎えに来た保護者が、学内のカフェテリアで一緒に食事ができる。忙しい親にとってても好評で、すぐに満席になってしまうそうだ。

「孤食」をなくすためには、こうした仕組みを作っていくことも重要だと思う。

安全の欲求を満たす

ここで言う「安全」とは、生活する上での安心感、経済的な安定性、良好な健康状態の維持などだ。

ボクの授業では、Enjoy making mistakes.（**間違いを楽しもう**）というルールを生徒たちに課している。「Forgive の精神」で述べたように、間違いは恥ずべきことではなく「伸びていくための可能性」なのだから、間違えることを楽しむように伝えているんだ。こうした気持ちの持ち方が、学校生活を「安心・安全の場」にしていくと思う。

よく先生が生徒に「Don't be afraid of making mistakes.（間違いを恐れるな）」と励ますけれど、この言葉は逆に生徒を委縮させてしまう。なぜなら、これは「間違いは恐れるべきもの」という前提があっての言葉だから。

そもそも脳科学的には「人間の脳は not を理解しない」そうだ。だから例えば、「猫のことを考えるな」と言われれば言われるほど、猫を思い浮かべてしまうという。つまり人間の脳は、まず「間違いを恐れる」「猫を考える」と認識し、その後 not で打ち消しているんだ。

だから、「間違いを恐れるな」ではなく「間違いを楽しめ」と言ったほうが、生徒の安全欲求は満たされるというわけだ。

愛と所属の欲求を満たす

これは、組織や集団の中で「他者に受け入れられたい」という欲求であり、この欲求のベースになるのは「家庭に必要とされている」という親子の関係だ。

これを充実させるには、家族から一人前の大人として扱ってもらい、家事を分担し、お互いに感謝し合うことが必要だ。第2章で紹介した「プロジェクト」に例えるなら、これは「家族がハッピーに暮らせる家庭づくりプロジェクト」に向けて、家族みんなで協働して取り組むイメージだ。


ボクは新学期の授業で生徒と初めて会った時から、大人に対するのと同じ接し方をするんだ。同じ一人の人間として尊重するから、名前を呼ぶ時は必ず「○○さん」と敬称をつけるし、話しかける時も一方的な上から目線ではなく「あなたはどう思いますか？」と対等の立場で双方向のコミュニケーションが取れるように心がけている。

同じように、家庭では、親は子どもを一人の人間として尊重すべきだとボクは思っている。

親が小学生にあれこれ細かく言うのは「しつけ」の意味合いが大きいけれど、高校生にもなれば「大人と同じように扱う」のが当然だろう。それは、対等な言葉遣いだけでなく、子どもに「選択の自由」を与えることもそうだ。


キミだって、いろいろなことを自分で自由に選びたいと思うだろう？　だけど、それと同時に「選ぶことには責任が伴う」ことも覚えておいてほしい。

例えば、よく寝坊する子どもを親が起こし続けていると、たまに起こさなかった時に、子どもは寝坊したことを親のせいにしがちだ。

でも、「選択の自由」を与えられた子どもは、決まった時間に「起きる」「起きない」を自分で選べるわけだから、「起きない」を選んだ子どもはそのことに責任を持たなくてはいけない。寝坊したことによって学校に遅刻しようが、先生に怒られようが、本人の責任だ。「大人と同じように扱われる」「他者に受け入れられる」というのはそういうことだ。

もしキミが「もっと選択の自由がほしい」と思っているのなら、ぜひ家族で話し合ってほしい。そして、親が望むような選択をしなかったとしても、あるいは自分で選択したことで失敗したとしても、すべては自分で責任を取ることと引き換えに「選択の自由」を獲得してほしい。

これができるようになると、家族以外の組織や集団の中でも「他者に受け入れられる」ようになる。

承認の欲求を満たす

これは、「集団から価値ある存在と認められ、尊重されたい」という欲求だけど、この欲求レベルには次の2つがあるんだ。

1. 低いレベルの欲求

他者からの尊敬、地位、名声、利権、注目などを得ることによって満たすこと

ができる

2．高いレベルの欲求

自己尊重感、技術や能力の習得、自己信頼感、自立性などを得ることで満たされ、他人の評価よりも自分自身の評価が重視される

ちなみに、先ほどのマズローは、次のように言っている。

「低いレベルの欲求にとどまり続けることは危険だ」

つまり、キミが目指すべきは「高いレベルの欲求」なんだ。

これは例えば、テストで100点を取って単純に喜ぶのではなく、「自分の勉強のやり方で今回のテストの範囲は100％理解していることが証明された」というように自覚することが重要だということ。自分なりの「学び方」を手に入れ、自律して学び続ければ「高いレベルの欲求」が満たされるということだ。

さらに、いろいろなプロジェクトで社会につながれば、「自分は社会から必要とされる存在なんだ」という承認欲求が満たされる。学校でも「勉強は誰かの役に立つためにするものだ」とわかれば、教えることで誰かの役に立ち、クラスメートから必要とされたい欲求が満たされるんだ。他人から「ありがとう」と言われて嫌な気はしないだろう？　これが承認欲求なんだ。

自己実現の欲求を満たす

これは、簡単に言えば「なりたい自分になる」欲求だ。

「なりたい自分」は「夢」と置き換えてもいいだろう。「なりたい自分」が見つかった時、それを実現させようというモチベーションが生れてくるものだ。その際、キミだって「なりたい自分」は決して1つではないだろう。夢や目標はたくさん持つべきだし、それらを実現させる方法は数多くあると自覚しよう。

そこで1つ、実験をしてみよう。

その場で両目をつぶったまま片足で立ってみてほしい。どうだろう？　グラグラしてバランスを取るのが難しいだろう？

じゃあ、今度は目を開けて、床に置いたリンゴを見ながら片足で立ってみよう。どうだい？　さっきよりはるかにバランスは取りやすいよね。でも、リンゴを外すと、どうだろう？　とたんにバランスが取れなくならないかい。

もう1つ実験をしよう。

今度は、リンゴを5つ置くから、その中の1つを見ながら片足で立ってみてほしい。さっきと同じく目標があるからバランスを取るのは簡単だよね。じゃあ、今見ているリンゴを外したらどうだい？　今度はさっきと違って、すぐに別のリンゴに視線が移るから、バランスを取り続けることができるだろう。

この2つの実験でわかるのは、**目標となるものははっきり見えたほうがよく、しかも複数あるほうがいい**、ということ。「夢は1つに絞ったほうがいい」と言う人もいるけれど、ボクは反対だ。夢はたくさん持つべきだよ。

例えば、キミが「病気で苦しんでいる人を救いたい」という夢を持っているとしよう。そこで、某大学の医学部だけを目指して一生懸命勉強したけれど受からなかったとしたら……「自分はダメだ」と二度と立ち直れなくなるかもしれない。自暴自棄になるかもしれない。

でも、キミが「医者になりたい」以外に、「薬剤師になりたい」「研究者になりたい」といった複数の目標を持っていたら、たとえ医者への道が閉ざされたとしても、別の道で「病気で苦しんでいる人を救いたい」夢を実現させることができるんじゃないだろうか?

こう考えると、自分のやりたいことを実現させるには複数の道があるはずなのに、1つの道にとらわれて悩んでいる生徒ってけっこういるんだ。**自分の実現させたい最上位の目標を見つけて、そこに向かう複数の道を意識することで、たとえ1つの道が閉ざされても、別の道を選ぶことができるようになるんだ。最上位の目標だって、1つである必要はないんだよ。**

Chapter

5

自律型学習者が幸せを作る

自律型学習者は入試の変化にも対応できる

これまで述べてきた中で、もしかしたら大学入試のことが心配になっているかい？　キミも、予備校で缶詰になったり、問題集をひたすら解いたりするのが受験生の姿だと、思っているかもしれない。

たしかにひと昔前は、一問一答の知識がたくさんあると点が取れる問題が多かったと思う。でも今、入試はすごい勢いで変化しているし、この変化に対応できるのも自律型学習者なんだ。だから、心配しなくていい。自律型学習者になれば入試だって突破できる。

キミも知っていると思うけれど、2021年1月から「大学入学共通テスト」が導入される。この導入時期は、まさにキミが大学受験をする時期と重なるので、今までのセンター試験とどこがどう変わるのかについて、説明しておこう。

このテストでは、「学力の3要素」をバランスよく育む高等教育と、それらをさらに発展させる大学教育が連携することで、変化する社会に対応する教育体制を築くことを目標としている。
ここで言う「学力の3要素」とは、次の3点だ。

1. 基本的な知識・技能

2. 思考力・判断力・表現力等の能力

3. 主体的に学習に取り組む態度

現在のマークシート方式の試験では、1の「知識・技能」を測ることはできるけれど、2の「思考力・判断力・表現力」を見るには限界があった。そのため、今度からは、一部の教科（国語、数学）ではマークシート方式に加えて記述試験も実施して、思考力・判断力・表現力を評価するようになる。

また英語は、2020年から24年にかけて、英検やTOEFLなど民間の資格試験の成績を参考資料とし、大学入試共通テストの結果と並行して採点に利用することになった。さらに24年以降は外部試験一本にすることも決まったから、大きな方向としては外部試験の成績が英語入試の評価に利用されるようになる。

外部試験ではスピーキングやライティングで自分の考えを英語で表現する問題が出されるので、そこで思考力・判断力・表現力を見るというわけだ。

すごい変わりようだと驚いたかい？　でもね、けっして恐れることはないよ。そのころまでにキミは、自律型学習者として自分の「学び方」を手に入れているはずだから、どんなに試験のシステムが変わろうとも柔軟に勉強方法を変えられるはずだ。創造的思考が求められる記述問題だって、ふだんからの「問い作り」に慣れていれば、必ず対応できる。

学校が変わらなくても大丈夫。キミが自律型学習者になればいいんだから。

2020年度からの入試改革も大丈夫

「大学入学共通テスト」の英語のプレテストの問題を見ると、筆記（読解）、聞き取り（リスニング）とも、日常的な場面で「英語を使う力」を測ることを重視している。今までのような、発音・アクセントや文法や語順を問う暗記重視の問題ではなく、リアルな社会の日常シーンからの出題になっているんだ。

大げさかもしれないけれど、「この流れは、学校の英語授業そのものを大きく変える」とボクは思っている。

これまで、高2までは4技能（聞く、話す、読む、書く）を身につける実践的な授業をしていた先生も、高3になれば、たとえ生徒が流暢な英語でディベートできるようになっていても、受験対策のために発音・アクセントを筆記で答えることに慣れさせる必要があった。

ところがこれからは、先生も高校3年間を通して4技能を育てる実践的な授業をすることが、そのまま受験対策になる。その証拠に、プレテストの問題は以下のような内容になっている。これらは、ふだんからインターネットの英文を読んだり、英文レポートや英語新聞を作ったり、仲間で読み合うことをしていればそれほど難しくはないはずだ。

リアルな社会で使われている英語を意識した出題

・Webサイト
・ポスター
・ブログ
・新聞のコラム

学校で行ってほしい活動を意識した出題

・学校新聞
・ディスカッション、ディベート
・読んでわかったことを図表で整理

今後、英語の入試については、こうした日常生活の場面を想定した問題が増えると思われる。「入試のため」でなく「リアルな社会で使うため」に勉強することが、受験対策にもつながる。

だからこそ、ふだんから「魔法のノート」で問いを作って自分なりに答えを見つけ、他者に説明することが威力を発揮するんだ。

「自分シート」で夢や目標を見つける

前章で紹介したマズローの自己実現理論のように、最上位にある「自己実現の欲求」である「なりたい自分」がイメージできた時に、人はそれに向かって自律して学び始めるものだ。さらに、その学びが「リアルな社会につながる」ことを実感すると「なりたい自分」の像が明確になる。これを「夢」と呼んでもいい。

そこでここでは、「なりたい自分」の像に向かって自律して学び続けるための具体的な方法を紹介しよう。

現代の子どもたちは、SNSを通じて簡単に他者とつながることができる関係の中で生きているから、自分を客観視して「自分は何者か？」を考える機会があまりないんだ。その結果、自分の好きなこと、やりたいこと、将来の姿が見えにくくなっている。実際、中高生と話していると、「自分のやりたいことがわからない」といった悩みをよく聞く。

「自分を知る」ことはすべての探求の入口であり、自律的な学びにもつながるから、意図的に、「自分は何者か？」を考えるきっかけとして、以下に紹介する「**自分シート**」を書いてみてほしい。書き方は次のとおりだ。

1．好きな色の折り紙を自分の手形に切り抜いて、A4の紙の中央に貼る
2．手形の真ん中に「○歳の私」と書き、いつの自分かわかるようにする
3．手形の周りに「好きな人」「好きなことやモノ」「自分に関わりのある人や組織」を書き出す

なかなか書けない場合は、次のようなカテゴリーを参考にしてほしい。

A．好きな人（家族、学校、地域、芸能人、ミュージシャン、作家……）
B．好きなことやモノ（趣味、言葉、色、形、食べ物、飲み物、お菓子、ファッション、スポーツ、音楽、季節、場所、教科、天気……）
C．自分に関わりのある人や組織（利害関係のある人、所属しているグループ）

自分シートで「自分は何者か?」が見えてくる

左の写真は13歳の生徒が作った「自分シート」。出会い、希望、先輩、恋愛、掃除、目標、ストイック、成長、感謝、遊ぶ、英語力、漫画……その時点で強い関心を抱いた言葉が紙面を埋め尽くしている。

AとBは、上記のカテゴリーをヒントにすれば、どんどんキーワードを増やせるだろう。Cは、自分の好き嫌いにかかわらず「私の周りにはどんな人がいる？」「学校ではどんな人と関わっている？」「家の近所ではどんな人と関わっている？」と思い出しながら書いていくと、自分は一人じゃないことを感じられるはずだ。

そして、「○○家の長男としての自分」「○○高校○年○組の自分」「○○部キャプテンの自分」「○○町に住んでいる自分」といったようにさまざまな自分を「見える化」していくと、「自分は何者か」が少しずつ見えてくるだろう。

ちなみに、ビジネス用語に「パブリックリレーションズ」というものがある。一般的には「ＰＲ」「広報」と呼ばれるものだけど、「企業や個人が世間一般に向けて情報を送ったり、自社（自分）に対しての理解や信頼を得ようとしたりする活動」のことだ。で、このパブリックリレーションズの考え方によると、自分と関わりのある人たちと良好な関係を築くには、次の３つが大切だとされている。

・倫理観
・双方向性コミュニケーション
・自己修正

これをキミの生活に落とし込むと、「倫理観」というのは「相手がハッピーかどうか」を考えること。たとえキミが苦手な相手でも、目標達成のために一緒に何かをやることでハッピーになることだ。

「双方向性コミュニケーション」とは、自分の言いたいことを言うだけではなく、相手の話もしっかり聞こうとする態度。

「自己修正」とは、間違っていたら素直に謝り、自分の行動を修正することだ。

そんなの当たり前だと思うかもしれないけれど、今の企業や政治の世界でこうした当たり前のことができないことによる不祥事を数多く見かけないかい？　数値をごまかしたり、他者からの指摘を聞かなかったり、間違いを修正しなかったり……こうした恥ずかしい大人にならないためにも、若いうちから良好な人間関係づくりのスキルを身につけてほしいと思う。

「自分シート」は、年に1度くらいのペースで何度も書き変えるといい。誕生日や正月など「ハレの日」なら忘れないだろうし、家族みんなで取り組む機会にもなる。お父さんやお母さんだって、それぞれ「自分は何者か？」を考えることで、これからの目標や夢が見つかるだろう。また、それらを実現するためにも、自分と関わりのある人たちと良好な関係を築くことに努めてほしい。

自分の好きなことやモノ、ワクワクすることを目標や夢にしていくきっかけとして、定期的に「自分シート」を書いてみてほしい。

「夢シート」で今を未来につなげる

「夢シート」は、ボクが高校2年生の進路指導をする時に使っているものだ。前項の「自分シート」で書き出した自分の好きな人やことやモノについて理解できたことを未来につなげるのが「夢シート」の役割。

実際の「夢シート」は次ページのようなものだけど、ぜひキミにも書いてもらいたい。やり方は次のとおり。

1. 「自分シート」と同じ要領で、円の中に「今の自分が好きなこと・楽しいこと」を書き出す。数は1つでも多いほうがいい
2. 円の外側の四隅には、「今、関心のある教科」「今、興味のある学部」「今、関心のある大学」「今、考えている将来の夢・職業」を書く

円の内側に書いた「今、自分が好きなこと・楽しいこと」の先に「今、関心のある教科」「今、興味のある学部」「今、関心のある大学」「今、考えている将来の夢・

すべての学びを「夢シート」で未来につなげる

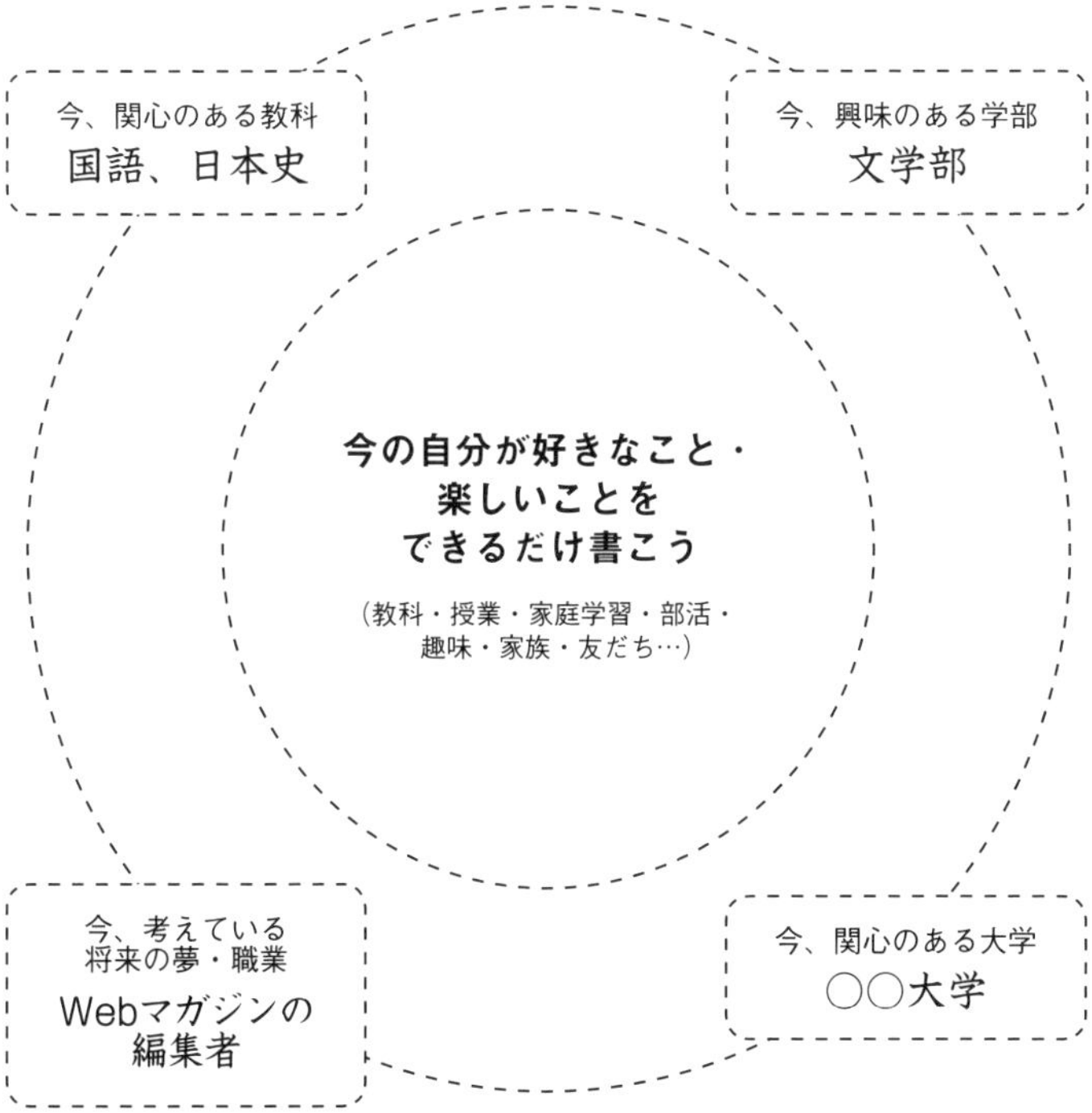

職業」の4つにつながっていくイメージだね。

一般的な「進路希望調査」では志望校名だけを書くけれど、それでは、その学校に合格することが目標になってしまう。そうではなく、今の自分を未来につなげていくイメージが重要なんだ。好きなことの先に大学や専門学校があり、リアルな社会で活躍する自分の姿があるんだ。現在が未来としっかりつながっていると意識することが重要なんだ。

さらに、選択肢はたくさん作ったほうがいい。なぜなら、「学びたいこと」「学校」「職業」などの選択肢が増えれば増えるほど、学びの幅は広がり、夢を実現させるための複数の道が見えてくるから。キミが歩む道は1つじゃないことがわかってくるはずだ。

左ページの写真は、元教え子が高校3年の時に書いた「夢シート」で、好きなことや興味のあることがたくさん書かれている。ちなみにこの子は今、大学で教育学を専攻しながら、小中高生の学習支援やオーケストラサークルでの活動に取り組んでいる。将来は教育行政にかかわる仕事をしたいそうだ。

学びを未来につなげている教え子の「夢シート」

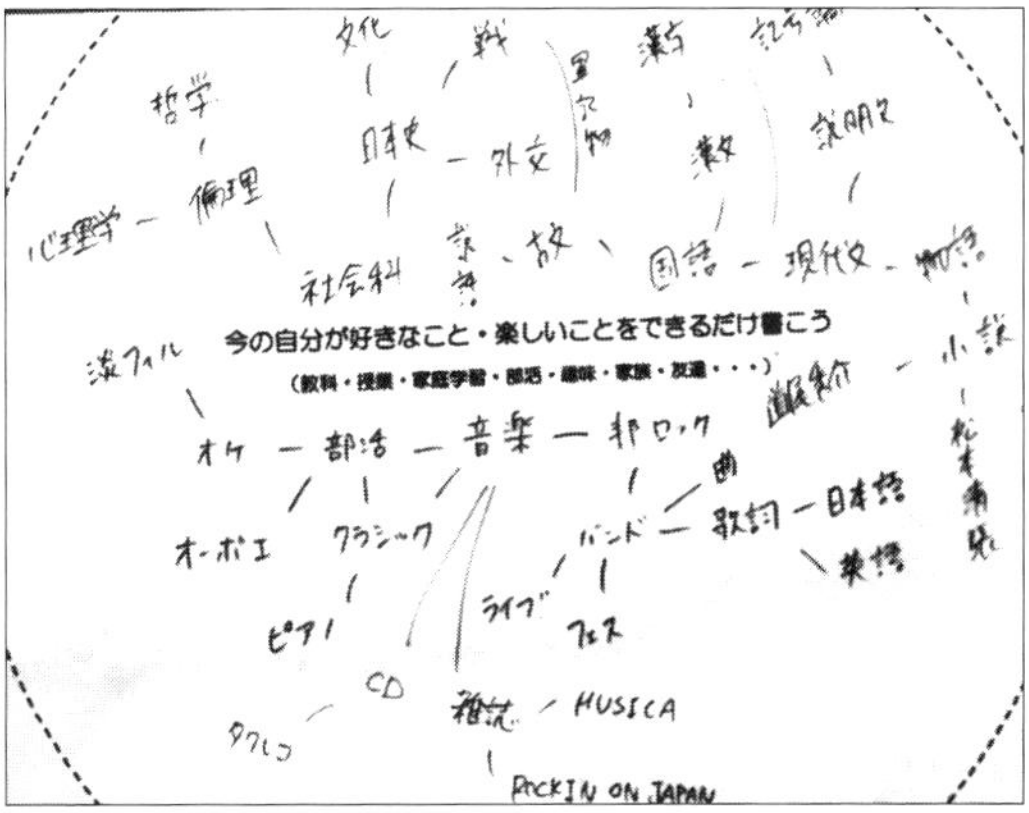

もう一人、先述した檜原村でプロジェクトに取り組んでいる元教え子の大学生のことを紹介しよう。

彼女は中学時代に東日本大震災のボランティアに参加したことをきっかけに、「お金にはならないけれど意味のあること」の大切さに気づいた。

彼女の高校時代の「夢シート」には、「生物の授業」といった学びの関心に加え「○○委員」「笑顔にする」といった利他的なキーワードも書かれていた。そのため、毎日忙しかったけれど、「やらなければいけないことではなく、やりたいことだったから楽しかった」そうだ。

勉強が忙しくなる高2の時に管弦楽部

とバレーボール部を兼部した際も、周囲の心配をよそに、やりたいことを我慢しなかった。2つの部活を両立させるために、みんながやりたがらない日程調整役を進んで引き受け、両方の部活に参加できるように調整していた。修学旅行の際には、旅行会社と相談しながらオリジナルの旅行計画を先生抜きで作ったほどだ。

その後、彼女は大学の農学部に進学し、「特産品を開発して日本の農業を活発にしたい」と次の夢に向かいながら、大学の勉強やアルバイトもうまくこなしている。中学、高校でやりたいことを我慢しないで実践した結果だと思う。

「手段」を「目的」にしてはいけない

キミも知っていると思うけど、2020年から実施予定の「新学習指導要領」で小学生の英語教育が本格化する。いまも5、6年生では「外国語活動」の名称で必修化されているけれど、20年からは3、4年生で「外国語活動」、5、6年生では「教科」の扱いになるんだ。このことよって、すでに学校や塾、予備校などではさまざまな変化が起こっている。

とくに「英語」と同様に「プログラミング」も必修化されることから、巷《ちまた》では英語教室やプログラミング教室が人気で、中にはキャンセル待ちのところもあるそうだ。ただ、こういう時に、気をつけなければならないのは「目的」と「手段」を履き違えないことだ。

言うまでもなく、英語やプログラミングは「手段」にすぎない。英語にしろプログラミングにしろ、そのスキル自体は何も生み出さないわけで、「それらを使って何をするか？」という「目的」のほうが重要なんだ。先ほどの「夢シート」で言えば、「英語」「プログラミング」は円の中の要素であって、むしろ円の外側にどんな要素があるか？　がポイントになる。

つまり、子どもが学ぶ「目的」が明確になっていない状態で、親が無理矢理、英語教室やプログラミング教室に行かせると、逆に英語が嫌いになったり、プログラミングのテクニックを覚えるだけで満足する子どもが増えることになる。

さらに付け加えると、いまや英語の翻訳デバイスはものすごい勢いで発達していて、それを使えば英語が苦手な人でも英語でのコミュニケーションが可能になった。プログラミング技術も進化のスピードが速くて、マニュアル本が追い付かないくらいだそうだ。

こうなるとどうだろう？　闇雲に「手段」を学ぶことにそれほど大きな意味はないんじゃないだろうか？　「目的」が明確な子どもは、「手段」は変化しても「目的」は変わらないことに気づくし、さらには「手段」にもこだわらなくなる。その意味でも、「学ぶ」目的を明確にする意味はとても大きいんだ。

と、ちょっとわき道にそれて小学生の話をしたけれど、「目的」と「手段」を履き違えないことはキミにとってもとても大切だ。

ボクが長年、英語教師をしていて強く感じるのは、「目的」を持っている生徒の強さ。「○○大学に合格したい」から英語を勉強する生徒と、「英語を使って日本の遺伝子技術を世界に伝えたい」と思って英語を勉強する生徒では、後者のほうが圧倒的に成績は伸びる。

前者は勉強の目的が「試験に出るかどうか」で、手段も問題集や過去問を解くことで止まりがちだけど、後者は英語の文献やインターネットの記事までも「知りたい」から読むようになり、自然に高レベルの英語を理解できるようになるんだ。学びの天井が圧倒的に高いんだよ。

だからキミも、大学合格の先にあるリアルな社会の無限の天井を信じて、大学入試を俯《ふ》瞰《かん》して捉えてほしい。

目的の上限は、無限のほうが強いということだ。

最終目標は「幸せ創造者」になること

キミが自律型学習者の道を歩き始め、「社会の役に立つ生き方」に関心を持ち始めたら、ぜひ「**SDGs**」を知ってほしい。

ＳＤＧｓとは「**Sustainable Development Goals（持続可能な開発目標）**」の略称で「エス・ディー・ジーズ」と読むんだけど、国連に加盟する１９３か国が２０１６～30年の15年間で達成すべき17のゴール（目標）で構成されているんだ。

ゴール1　貧困をなくそう
ゴール2　飢餓をゼロに
ゴール3　すべての人に健康と福祉を
ゴール4　質の高い教育をみんなに
ゴール5　ジェンダー平等を実現しよう
ゴール6　安全な水とトイレを世界中に
ゴール7　エネルギーをみんなに　そしてクリーンに
ゴール8　働きがいも経済成長も
ゴール9　産業と技術革新の基盤をつくろう
ゴール10　人や国の不平等をなくそう
ゴール11　住み続けられるまちづくりを
ゴール12　つくる責任　つかう責任

ゴール13　気候変動に具体的な対策を
ゴール14　海の豊かさを守ろう
ゴール15　陸の豊かさも守ろう
ゴール16　平和と公正をすべての人に
ゴール17　パートナーシップで目標を達成しよう

加盟各国はこれらのゴールに基づいて、あらゆる貧困に終止符を打ち、不平等と闘い、気候変動に対処する取り組みを進めなくてはならない。また、ＳＤＧｓを事業活動の根幹に据えて企業価値を高めていくことが地球全体の持続可能性に通じるとして、これからの企業の活動にも広く求められているんだ。

これらの17のゴールを通せば、世界規模の課題解決になる。さらに、17のゴールには169の「ターゲット」があり、例えば、ゴール1の「貧困をなくそう」には、「2030年までに、現在1日1・25ドル未満で生活する人々と定義されている極度の貧困をあらゆる場所で終わらせる」ほか計7つの具体的な目標が記されている。

では、これらのゴールを達成するためには何ができるだろうか？

答えは簡単には見つからないと思う。でも、答えを見つけるために考えることは、未来の誰かを笑顔にすることにつながるんだ。だから、**自律型学習者が最終的に目指すべきは「幸せ創造者（Happiness Creator）」になることなんだ。**

これらのゴール達成のために、大人も頑張っている。ＳＤＧｓについて多くの子どもたちに知ってほしいと願って作られたのが『未来を変える目標 ＳＤＧｓアイデアブック』（Think the Earth 著、蟹江憲史監修、ロビン西漫画、紀伊國屋書店刊）という本だ。

17の目標がわかりやすく解説されていて、ＱＲコードを使えば詳しいターゲットや解決に向けての活動や動画にアクセスできる。さまざまな事例を参考にしながら、自分なりのアイデアを考えてみたらどうだろう。

ＳＤＧｓには動画で学べるサイトも充実している。

国際連合広報センターのホームページにある「国連を映像で学ぶ（http://www.unic.or.jp/texts_audiovisual/audio_visual/learn_videos/)」にはたくさんの映像が用意され

世界の問題解決を目指すSDGｓの17のゴール

国際連合広報センター提供

ていて、「持続可能な開発」をクリックすればSDGs関連のいろいろな動画を見ることができる。

また、「SDGs.TV」では、100以上の無料動画にアクセスできる。これは、SDGsの17のゴールに関するショートムービーが視聴できるプラットフォームメディアで、「誰でも、いつでも、どこでも、SDGsについて学び、行動を共有し、解決に向けた対話を始められる」ことをミッションとしている。

(https://sdgs.tv/)

さらに、「SDGsクリエイティブア

ワード」という動画作品のコンテストもあるんだ。これは、世界が抱えている課題や、地域での協働アクションをあらゆる方法で表現した動画作品の募集・表彰を通じて、ＳＤＧｓに取り組んでいる人たちを支援し、世界中で対話やアクションの輪を広げることを目的としている。

さて、話が世界規模の課題にまで広がってきた。自律型学習者になるとここまで学びが広がることを感じられただろうか？

自律型学習者としてさまざまな学び方を手に入れ、自分の行動をコントロールしながら、自分の人生をアップデートするために学び続けてほしい。そして、全世界の一人ひとりを笑顔にするアイデアを生み出してほしい。

キミなら、そんな「幸せ創造者」になれるとボクは信じている。

5

自律型学習者が幸せを作る

おわりに――
キミに伝えておきたいボクの覚悟

ここまで、キミには「いつまでも学校や先生に頼らず、自律型学習者として生きる」ことを伝え、そのための方法をいろいろと紹介してきた。でも、本音の部分では、やはり先生や学校が変わらなければいけないと思っている。

ただ実際のところ、教師の仕事は多岐にわたっていて、授業はもちろん、担任、教務や広報といった分担、部活動、行事、ＰＴＡ対応、報告書作り……といったたくさんの仕事をこなさなければならない。これは、どの先生も同じだ。

サッカーをした経験がない先生がサッカー部の顧問をやるなんて珍しいことではないし、学校では授業準備が十分にできないため家に持ち帰ることも多い。その分、睡眠時間が削られ、一部では「ブラックな職業」とも揶揄《やゆ》されている。

でも、いつまでもこんな状態を続けていてはいけないんだ。

教師の疲労やストレスが肥大化すると生徒の指導どころではなくなる。
そこで、ボクはこれからの教師や学校の在り方について2点提案したい。

1. 教師のプロフェッショナル化

これからの教師は、それぞれの役割ごとに個別にプロフェッショナル契約ができるようにするべきだと考えている。

例えば、「授業のプロフェッショナル」として契約した先生は、午前中の授業はするけれど、他の仕事はいっさいしない。給料は少ないけれど、その代わり午後は他の仕事をしていい。つまり、午前中は学校で授業、午後は企業で働くことで、トータルで収入を維持していく考えだ。

また、「部活を指導したくて先生になった」人は逆に、朝から企業で働き、放課後の時間帯は学校で生徒たちを指導すればいいんだ。

この方法にはメリットが多い。本文でも述べたけれど、これからの授業はリアルな社会を肌で感じられるものでないと、子どもは実社会で必要な力を育むことができない。だから、先生が学校と並行して企業でも働くことで、社会で必要とされるリアルな力を生徒たちに伝えることができると思う。

各分野のプロフェッショナルな先生を組み合わせれば、学校も新しく生まれ変われると思うんだ。

2. 学校を社会人に開放する

学校自体も変わるための努力をしなければならない。

そのポイントは、学校を社会にもっと近づけることだと思う。

そこで例えば、学校内においしいコーヒーが飲めるコワーキングスペースを作って、近所の人や社会人たちに自由に使ってもらうんだ。そこで仕事をしてもいいし、打ち合わせやミーティングをしてもらってもかまわない。

一方で学校側は、その日、来ている人たちの紹介文を掲示板に貼り出し、生徒が彼らに自由に質問や相談をしたり、アイデアを提案したりできるようにするんだ。もちろん、セキュリティには十分な配慮をしなくてはならないけれど。

これは社会人にとっても、いま流行りのテレワークといった働き方改革にもつながるし、若い世代のアイデアに触れるいい機会にもなる。おそらく、そこからは「企業×生徒」のユニークなプロジェクトがいろいろと生まれるように思う。

ボクは近い将来、1と2を組み合わせたような学校を作りたい。「100人の大人と出会う学校」とでも言おうか。たとえ学校に気軽に相談できる先生がいなくても、100人の大人の中にはきっと自分と気の合う大人がいるはずだ。

こうした、学校での学びが常にリアルな社会につながり、ワクワクして勉強に取り組み、いろいろなプロジェクトが自然に生まれるような学校を作りたい。そして、新しい働き方をする教師の先駆けにもなりたいと思っている。

これが、キミに伝えておきたいボクの覚悟であり、ボク自身が教師としてHappiness Creator（幸せ創造者）になれる道だと思う。

山本崇雄

〔参考文献〕

『学校と社会』ジョン・デューイ著　宮原誠一訳　岩波文庫
『教育の力』苫野一徳　講談社現代新書
『授業の見方―「主体的・対話的で深い学び」の授業改善―』澤井陽介　東洋館出版社
『7歳から「辞書」を引いて頭をきたえる』深谷圭助　すばる舎
『オックスフォード大学・ケンブリッジ大学の入試問題　あなたは自分を利口だと思いますか？』ジョン・ファーンドン著、小田島恒志・小田島則子訳　河出書房新社
『子どもたちの時間』内山節　農山漁村文化協会
『人間性の心理学』A．H．マズロー著　小口忠彦訳　産業能率大学出版部
『パブリックリレーションズ第2版　戦略広報を実現するリレーションシップマネージメント』井之上喬　日本評論社
『なぜ「教えない授業」が学力を伸ばすのか』山本崇雄　日経ＢＰ社

■ 著者紹介 ■

山本 崇雄（やまもと たかお）

1970年東京都生まれ。東京都立武蔵高等学校・附属中学校指導教諭。2019年度より新渡戸文化学園小中学校・高等学校、横浜創英中学校・高等学校で英語教師として教鞭をとるかたわら、日本パブリックリレーションズ研究所主任研究員、アルクテラスClearコミュニティデザイナー、ゲイトCSR教育デザイナーなど複数の企業でも活動する予定。2017年には、日々変化する社会の中でも自律して行動できる子どもが育つ新しい教育のあり方を提案するプロジェクト「未来教育デザインConfeito」を設立。講演会、出前授業、執筆活動などを精力的に行っている。検定教科書『NEW CROWN ENGLISH SERIES』（三省堂）の編集委員を務めるほか、著書に『なぜ「教えない授業」が学力を伸ばすのか』(日経BP社)、『「教えない授業」から生まれた英語教科書 魔法のレシピ』（三省堂）ほか、監修書に『21マスで基礎が身につく英語ドリル タテ×ヨコ』シリーズ（アルク）がある。

学校に頼らなければ学力は伸びる　〈検印廃止〉

著　者　山本崇雄
発行者　飯島聡也
発行所　産業能率大学出版部
東京都世田谷区等々力6-39-15　〒158-8630
（電 話）03（6432）2536
（FAX）03（6432）2537
（振替口座）00100-2-112912

2019年2月28日　初版1刷発行

印刷所・制本所　渡辺印刷

（落丁・乱丁はお取り替えいたします）　ISBN 978-4-382-05769-2